Patrice Kamguem Fetseu

LA DÉCADENCE DE L'OCCIDENT

Pour ma maman Marie Tamo, née Kamguem

Et Nadège Guiadem

Avant-propos

《Nous sommes sans doute en train de vivre la fin de l'hégémonie occidentale sur le monde. 》 Ces propos ne sont pas de moi, encore moins d'un individu lambda. Cette affirmation a été faite par le président d'une grande puissance économique mondiale, Emmanuel Macron de la France, lors de son discours à la conférence des ambassadeurs du 27 Août **2019**. Cette même année, 2019, apparaissait un grand malheur :la fameuse pandémie qui porte son nom, le COVID-**19.** La finalité de ce livre n'est pas de gagner des prix littéraires, mais de faire passer un message très clair: les grandes puissances économiques mondiales où règne l'impiété s'acheminent vers une ruine financière face à laquelle leurs économistes et leurs dirigeants seront impuissants. Ces puissances vont connaître une dégradation progressive de leurs économies. Si tu as déjà compris cela c'est le plus important, tu peux ne plus lire le livre. Mais lorsque ces choses se réaliseront, il faudra tout simplement te rappeler qu'un livre les avait déjà prédit. Ce livre s'efforce à démontrer de manière cohérente et vérifiable ce déclin, sans toutefois chercher à convaincre à tout prix car l'avenir se chargera de le faire. C'est le plus important. Le respects des règles littéraires passe en second plan. La finalité du livre est d'amener les dirigeants de différents pays, les leaders religieux et les médias à ouvrir une enquête sérieuse sur la base des éléments vérifiables et indiscutables qui sont fournis dans le livre.

Puisque nous parlons de la décadence de l'Occident, il est donc important de reconnaître qu'il ne s'agit pas tout simplement d'un souhait de l'auteur du livre, mais de quelque chose dont le président d'une grande puissance avait déjà reconnu sans que l'on n'y prête attention. Oui, cette affirmation du président français sur la perte de l'hégémonie de l'Occident était passée inaperçue, pourtant, si nous y revenons cinq bonnes années plus tard, c'est justement pour prouver que ce qu'avait dit Macron mérite une attention particulière, d'autant plus que c'est la chute de la civilisation occidentale et son appauvrissement qui s'annonce.

Dans ce discours, le président français avait affirmé que l'Occident a perdu son hégémonie qui date de plusieurs centaines d'années, précisément du 18ème siècle, 《par l'inspiration des lumières.》 Ce fameux siècle est appelé le siècle des lumières à cause des philosophes, dits des lumières, de cette époque. Cette philosophie des lumières, née dans les loges des francs-maçons, se proposait de promouvoir le rationalisme, la science, et était opposée à la superstition de L'Église catholique. Le rationalisme étant opposé à la religion, ces philosophes des lumières dont a parlé le président français s'opposaient ainsi au savoir religieux, donc à Dieu. Pour résumer, on peut dire que la philosophie des lumières promeut le rationalisme, ou science, comme étant **la seule** source de savoir , et elle s'oppose à la religion, les révélations divines ou intuition. Cette philosophie a une grande influence jusqu'à nos jours, car avec l'exemple du COVID-19, tous les regards étaient tournés uniquement vers les scientifiques, et personne ne s'intéressait à la religion. Cependant, qu'est-ce que la science ? Le dictionnaire Larousse nous en donne plusieurs définitions. Il définit la science (au singulier) comme:

1. 《Ensemble cohérent de connaissances relatives à certaines catégories de faits, d'objets ou de phénomènes obéissant à des lois et/ou vérifiés par les méthodes expérimentales.》

2. En littérature. 《Connaissance approfondie d'un domaine quelconque, acquise par réflexion ou par expérience. 》

Ce même dictionnaire donne aussi la définition de 《sciences》 (pluriel) ainsi: 《 disciplines ayant pour objet l'étude des faits, des relations vérifiables.》

Si l'on s'en tient d'abord au sens littéraire de la science, on comprend qu'il existe une multitude de domaines. La science se veut donc d'être la connaissance approfondie et acquise par réflexion ou l'expérience. Cela peut aussi s'appliquer en religion, car elle est aussi un domaine où l'on peut acquérir des connaissances approfondies par réflexion ou par expérience. Malheureusement, la science religieuse est rejetée par notre civilisation.

Puisqu'il s'agit de la chute des grandes puissances économiques, ce livre fait une démonstration scientifique en étudiant des faits, des relations vérifiables même par des profanes. Même le plus grand profane pourra confirmer la cohérence de la connaissance, puisque ce livre fait une démonstration sur la déchéance des grandes puissances en s'appuyant sur des lois ou principes scientifiques vérifiables par tout le monde. Il s'agit de la science chrétienne, tant rejetée par notre civilisation. Même le profane a juste besoin d'un téléphone pour vérifier sur internet les affirmations de ce livre.

Dans ce livre, l'utilisation de la première et la deuxième personne du singulier 《 Je et Tu》 , est mieux adaptée que la première et deuxième personne du pluriel 《Nous et Vous》 pour plusieurs raisons. La première raison est que ce livre s'appuie sur la religion où nous sommes tous des frères et sœurs. On ne se vouvoie pas en famille. En plus, lorsque Dieu faisait des révélations dans la Bible, c'était à des individus précis. C'est surtout un livre dont l'auteur assume ses affirmations, sans vouloir les attribuer à d'autres personnes physiques ou morales. C'est un livre démonstratif qui s'adresse beaucoup plus au lecteur en tant qu'individu, qu'à la multitude. De ce fait, le lecteur n'a pas forcément besoin de suivre la masse, mais plutôt de se faire son propre jugement face à ce qu'il lit, d'où l'utilisation du 《tu》 ,afin que le lecteur sache que l'auteur s'adresse avant tout à lui en tant qu'individu, avant de s'adresser à la multitude.

INTRODUCTION

En France, l'extrême droite a obtenu un résultat inédit lors des élections européennes. Presque tous les autres partis politiques, et tout le pays, étaient en alerte face à cette montée en puissance : il fallait tout faire pour les empêcher d'avoir la majorité à l'assemblée nationale et de gouverner le pays. Cependant, le plus important n'est pas de mettre sur pieds des stratégies politiques pour faire obstacle à l'extrême droite. Il faut plutôt chercher à résoudre le problème à la racine en cherchant à comprendre les raisons pour lesquelles le peuple s'est retourné, malgré lui, vers l'extrême droite. La cause est simple: la France se porte mal, très mal même, et le peuple pointe un doigt accusateur sur l'incompétence de ses dirigeants.

Mais alors, la France n'est pas le seul pays à avoir de sérieuses difficultés sur le plan économique. La quasi totalité des grandes puissances, où la religion n'a pas de valeur, traverse des difficultés économiques inédites. La question centrale à se poser est de savoir si c'est effectivement à cause de l'incompétence ou la mauvaise volonté des dirigeants de ces pays respectifs ? En d'autres termes, est-ce qu'en les remplaçant, ces pays auront de nouveaux dirigeants assez compétents pour relever l'économie ? À cette question, je réponds directement NON. Le problème est loin d'être la qualité des dirigeants, car quelques soient les dirigeants, la chute économique continuera aussi longtemps que le problème ne sera pas traité à sa racine.

En effet, dans son discours à la conférence des ambassadeurs, le président français avait reconnu que, contre toute attente, l'Occident a perdu son hégémonie historique qui date du 18ème siècle par l'inspiration des lumières. La religion judéo-chrétiennes occupait une place centrale dans la civilisation occidentale avant ce fameux 18ème siècle. Ce fut justement à ce siècle qu'elle avait commencé à être farouchement combattue par cette philosophie des lumières, née dans les loges de la secte de franc- maçonnerie. Par cette inspiration des lumières, ce 18ème siècle marquait ainsi le début du combat contre Dieu (la religion) et donc de la montée de l'impiété en Occident, au profit de la science. Cependant, nous avons vu à travers le dictionnaire Larousse que la science est un 《 ensemble cohérent de connaissances relatives à certaines catégories de faits, d'objets ou de phénomènes obéissant à des lois et/ou vérifiés par les méthodes expérimentales. 》 En lisant la Bible, même sans être chrétien, n'importe quel profane se rendra compte que du premier livre de la Bible, la Genèse, jusqu'au dernier, l'Apocalypse, Dieu n'a jamais aimé l'impiété, ni en être indifférent. Dieu a toujours été contre l'impiété. En se basant sur la Bible, on peut ainsi affirmer que Dieu est contre cette impiété de l'Occident depuis le 18ème siècle, bien qu'il se taisait. Même le profane peut constater dans la Bible ce principe: l'impiété entraîne la colère de Dieu, cette colère entraîne l'avertissement et les menaces de Dieu. Si face à ces avertissements et menaces ,il y a la conversion du peuple comme à Ninive, la colère de Dieu s'arrête et il ne met pas ses menaces en application. Par contre, si l'impiété persiste, il y aura le châtiment divin, à travers des malheurs, la destruction et même l'**appauvrissement** du peuple. Dieu étant à l'origine de tous ces malheurs, nul ne peut donc trouver leurs solutions, même pas les plus grands scientifiques. Alors on ne saurait accuser les scientifiques face à leur impuissance devant des malheurs provenant de Dieu, tout comme on ne saurait accuser l'incompétence des dirigeants par rapport à leur incapacité à mettre fin à la dégradation économique de la nation dont Dieu en est l'auteur. Le châtiment de Dieu entraîne la conversion de la nation, et enfin cette conversion entraîne la restauration. Voilà donc ce que tout profane peut vérifier dans la Bible. En résumé, selon la Bible, l'impiété entraîne la colère de Dieu, cette colère entraîne l'avertissement, après l'avertissement Dieu passe au châtiment, le châtiment à son tour entraîne la conversion et enfin la conversion entraîne la restauration. Voilà donc une leçon capitale que même les non-croyants peuvent tirer de la Bible, donc de la science chrétienne. Il faut le retenir par cœur d'autant plus que c'est ce qui est développé dans ce livre. En effet, l'on peut se poser la question de savoir si ce principe chrétien s'applique dans la vie réelle, ou si ce n'est pas juste cette superstition, dénoncée par les scientistes? Les faits et rien que les faits. Nous allons nous servir des faits vérifiables par tout le monde et une connaissance cohérente de la science chrétienne pour démontrer qu'il s'agit d'une réalité.

En effet, avant le discours du président français, en juillet 2019 j'avais fait des publications prédisant un grand changement dans le monde, puis c'est en Août 2019 que le président français avait reconnu que l'Occident a perdu son hégémonie (ci-chère) et comme par coïncidence, c'est cette même année que la fameuse pandémie inédite du corona virus avait commencé, d'où son appellation de COVID-19. Nous savons déjà que l'Occident est impie, ce qui mérite la colère et le châtiment divin d'après la science (le savoir ou connaissance) chrétienne. Alors, nous savons tous que, pendant que cette pandémie était encore à ses débuts, les scientifiques de l'organisation mondiale de la santé avaient prédit le pire pour l'Afrique à cause de son retard sur le plan scientifique. Curieusement et contre toute attente, ils se sont rendus compte que l'Afrique avait plutôt été 《épargnée》 par ce COVID-19. Des médias avaient qualifié cela de 《miracle》 . Pendant ce temps, c'est en Occident (impie) malgré toute sa science, que la pandémie avait fait les plus grands dégâts. Voilà une chose élémentaire dont tout le monde connaît déjà du COVID-19. Dans ce livre, je vais davantage vous montrer, à travers des faits vérifiables dont je vous donnerai les références (afin que le lecteur puisse les confirmer lui-même) que les scientifiques déliraient et divaguaient face à ce COVID-19. Le lecteur verra donc que cette pandémie avait habitué les scientifiques, les médias et les dirigeants aux surprises et aux miracles. Or, la surprise et le miracle n'existent pas en science, mais plutôt dans le domaine religieux. Bref, nous avons apporté des preuves indéniables que cette pandémie était insaisissable par la science, elle défiait les scientifiques, par contre elle s'expliquait clairement par le savoir religieux. Après avoir défié les scientifiques, nous allons voir que selon les résultats de l'enquête de la conférence des évêques de France, cette pandémie de COVID-19 a entraîné une hausse inédite des conversions en France.

Nous allons également voir qu'avant le discours du président français en Août 2019, j'avais déjà fait des publications prédisant un grand changement dans le monde, tout en demandant plus tard de méditer Esaïe 40 à 55. Et curieusement, dans Esaïe 40 à 55, il y a 2 nations: Israël, le peuple de Dieu, et Babylone, une grande puissance comme les grandes puissances de nos jours. Babylone n'était pas seulement une très grande puissance aussi, mais elle était aussi impie comme ces grandes puissances, et elle avait aussi une hégémonie comme l'Occident. Comme l'Occident, Babylone avait aussi perdu son hégémonie, et toujours comme l'Occident, Babylone avait aussi été frappé par des malheurs face auxquelles ses magiciens étaient aussi impuissants comme les scientifiques occidentaux face à la pandémie de COVID-19.

Alors, si l'on s'en tient à la Bible ou la science chrétienne, l'impiété entraîne le châtiment divin face auxquelles la science est impuissante, et ce châtiment entraîne à son tour la conversion. Or, l'Occident est impie et a été durement frappé par le malheur (COVID-19) face auquel ses scientifiques divaguaient, et ce COVID-19 à son tour a entraîné une hausse record des conversions. On peut y voir le schéma biblique: impiété (Occident)   =>châtiment   (COVID-19)=>   conversion (confère enquête de la CEF).

En réalité, cette hausse des baptêmes grâce aux malheurs (COVID-19 et autres) n'est qu'une alerte visant à prouver que ce principe biblique est réel. Cette hausse est loin, mais alors très loin de l'objectif visé. Dans ce livre, je me suis beaucoup attardé sur ce malheur (COVID-19) qui a entraîné une hausse des conversions , tout en soulignant que la décadence fait aussi partie des châtiments divins pour la conversion.

Si donc Dieu nous a montré que des malheurs ont engendré une forte croissance des conversions, et que l'on n'en tire pas des leçons, il augmentera alors ces malheurs, en s'attaquant à l'économie, afin qu'il y ait plus de conversions.

PARTIE I : HAUSSE DES CONVERSIONS GRÂCE AUX MALHEURS : ESAÏE 45:14+

D'après la conférence des évêques de France, il y a une forte hausse inattendue des conversions depuis la période POST-COVID-19, dans ce pays où la religion était en perte de vitesse. Le fait que des malheurs aient entraîné la conversion en France est-il un hasard? Nous allons voir qu'il existe plusieurs passages dans la Bible où Dieu autorise, ou est l'auteur des malheurs qui frappent les nations impies, afin que le peuple se convertisse, exactement comme ce qui se passe en France. L'analyse du chapitre 45 du livre du prophète Esaïe, à partir du verset 14, surtout à partir du verset 20, permet justement de comprendre que Dieu se sert des malheurs pour la conversion des nations, comme c'est le cas en France. C'est la raison pour laquelle les exégètes affirment que les périodes d'épreuves, comme le COVID-19, sont des moments d'intenses réveil religieux. Nous allons aussi voir que j'avais déjà prédit ce réveil, tout comme j'avais fait plusieurs prédictions sur cette pandémie elle-même. Enfin nous allons revenir sur le

COVID-19 proprement dit, pour voir à quel point cette pandémie faisait délirer les scientifiques afin de mieux comprendre pourquoi elle est à la base de ces conversions. L'objectif est de prouver que les châtiments divins dont parle la Bible sont réels, et la décadence en fait partie. Alors, autant le COVID-19 avait fait divaguer les scientifiques pour entraîner des conversions par la suite, autant cette décadence fera aussi perdre la raison aux économistes afin d'intensifier cette conversion dans ces pays où le peuple est indifférent face à Dieu.

I- RÉSULTATS DE L'ENQUÊTE DE LA CONFÉRENCE DES ÉVÊQUES DE FRANCE (CEF)

Voici l'extrait d'un article du journal Le Pèlerin, intitulé : Patrimoine religieux, confinement, quête de sens : comment expliquer une si forte hausse des baptêmes d'adultes ?

_Par Christophe Chaland .Publié le 28/03/2024 à 11h29 .Mise à jour le 28/03/2024 à 12h55

《Le nombre d'adultes baptisés la nuit de Pâques n'a jamais été aussi élevé: ils sont plus de 7000 à recevoir le premier des sacrements de l'initiation chrétienne lors de la veillée pascale 2024, contre 4000 à 5000 chaque année depuis 2010. Pourquoi?

Sonia, baptisée en 2023, a une claire conscience de **l'effet Covid:** «Je suis croyante depuis trente-neuf ans, bien qu'issue d'une famille d'athées. **Le Covid a été un détonateur.** Je suis allée frapper à la porte du presbytère», a-t-elle témoigné pour le Service national de la catéchèse et du catéchuménat (SNCC).

La pandémie, qui expliquait la relative baisse du nombre de baptêmes en 2021 (3639), pour des raisons pratiques (difficultés pour réunir et accompagner les catéchumènes, réunir les familles lors des célébrations…), pourrait éclairer pour une part ce **rebond inattendu** du nombre de baptisés à Pâques.

«Dans les lettres que les catéchumènes adultes ont envoyé à leur évêque pour motiver leur demande de baptême, **les temps de confinement imposés par le Covid-19** sont souvent apparus comme l'occasion de questionnements existentiels», confirme Catherine Chevalier, directrice du SNCC à la Conférence des évêques de France. Autrement dit, à la faveur d'un retrait imposé du cours ordinaire de l'existence, la pandémie aurait réveillé les interrogations de toujours. Les questions de vie et de mort, de l'existence d'un Dieu proche de l'humain, du sens de la vie, de l'indispensable fraternité humaine, de l'écologie. Comme lors d'une retraite, en quelque sorte, ce moment aurait permis la rencontre entre une quête personnelle et l'Évangile du

Christ porté par l'Église, message de vie et d'espérance.》

Cet article est disponible en ligne, il suffit juste de taper son titre sur Google. On y voit clairement que le malheur (COVID-19) a été le détonateur de la conversion.

En effet, le 27 mars 2024, la conférence des évêques de France, CEF, a publié le résultat de son enquête sur les catéchumènes qui allaient recevoir le sacrément de baptêmes (la **conversion**) le jour de Pâques. J'invite particulièrement les dirigeants politiques et les médias à se rapprocher de la CEF pour entrer en possession de ces résultats. Cependant, de manière générale, toute personne physique, y compris toi qui lit ce livre, devrait chercher à connaître ces résultats. Il suffit, pour les personnes physiques, de taper hausse des baptêmes, sur n'importe quel moteur de recherche (Google par exemple) pour y lire les articles de différents médias sur ce sujet, ou sur YouTube, pour regarder les vidéos de différents médias sur ce même sujet, c'est très simple à faire. Je recommande de lire le maximum d'article et de visionner le maximum de vidéos sur cette hausse des baptêmes en France. Je souhaiterais que chacun, surtout les dirigeants politiques et les médias, puisse confirmer par soi-même un certain nombre d'informations relatives à ces résultats d'enquêtes car elles seront capitales pour la compréhension de ce livre. Voici des points à retenir de ces résultats de l'enquête de la CEF :

- La **hausse** des baptêmes ou conversions (baptême signifie conversion): je souligne le mot "hausse ", car nous savons qu'en France, comme dans les autres pays occidentaux de manière générale, la religion est en déclin. Les églises se vident du jours au lendemain par manque de fidèles, au point où certaines ont complètement fermées les portes et ont même été vendues. Dans un tel contexte, la logique aurait voulu qu'il y ait de moins en moins de nouveaux baptisés, ce qui ne devait surprendre personne. Mais le fait qu'il y ait plutôt une hausse mériterait des interrogations.

- La deuxième chose à retenir est que cette hausse n'est pas instantanée : il ne s'agit pas d'un évènement ponctuel qui n'a été observé que cette année 2024. Mais c'est une tendance qui s'observe depuis plusieurs années, notamment depuis quatre années, depuis **2021** plus précisément.

- Cette hausse est une "**surprise**" pour l'Eglise. Je mets ce mot surprise entre parenthèse car il ne vient pas de moi. Vous verrez qu'il a été utilisé à maintes reprises aussi bien dans les vidéos que dans les articles. La surprise signifie que l'Église ne s'attendait pas à cette hausse, car elle n'avait mené aucune action particulière dans le but d'obtenir ce résultat. Si l'Église avait entrepris des démarches précises dans le but d'amener le peuple français à se convertir, elle n'aurait pas été surprise par cette hausse des conversions sachant de c'est le résultat de son travail, alors la hausse aurait été normale. Mais il s'agit d'une tendance à la hausse qui vient de nulle part.

- Plusieurs haut-cadres de l'Église, parmi lesquels des évêques, affirment que c'est la main de Dieu qui est derrière cette hausse. Vous pouvez le constater en lisant, en ligne, cet article du journal Le Pèlerin intitulé : <u>Pâques : le nombre de baptêmes explose en 2024</u>, publié le 27/03/2024 par Emma Calvet. Voici un extrait :

《"Dans un monde en évolution rapide, souvent désorienté, et une Église qui ne l'est pas moins, **il se pourrait que le Seigneur ait décidé de prendre la main**" [...] indique monseigneur Olivier Leborgne, évêque d'Arras et président du conseil pour la catéchèse et le catéchuménat, dans un communiqué.》 On comprend donc que d'après monseigneur Olivier Leborgne, cette hausse des conversions est un miracle de Dieu. Nous avons vu que cette hausse des baptêmes est "une bonne surprise " pour le clergé puisqu'elle vient de nulle part, alors c'est normal que certains évêques considèrent que c'est Dieu lui-même qui vient au secours de son Église en déclin en prenant les choses en main. En disant que c'est

Dieu qui a pris les choses en main, il faut se rappeler qu'il est écrit dans Amos 3: 7 que Dieu ne fait rien sans avoir révélé son secret à ses serviteurs les prophètes. Autrement dit, tous ceux qui pensent que c'est Dieu en personne qui est à l'œuvre devraient reconnaître que cela signifie que Dieu l'avait déjà révélé à certaines personnes ou à une personne précise. Or, lorsque Dieu révèle ce qui va arriver à un être humain, c'est pour que ce dernier alerte les autres humains en le leur prédisant : tu verras donc que j'avais déjà prédit cette hausse des conversions.

- Une autre chose très importante à retenir de cette tendance à la hausse des conversions c'est la date ou année de son début : 2021. Cette année, 2021, nous rappelle la fameuse pandémie de COVID-19, puisque nous sommes là au lendemain de l'année 2020 pendant laquelle le monde entier avait découvert le corona virus. Rappelons que le 19 de COVID-19 fait allusion à l'année de début de cette pandémie, 2019, mais elle demeurait presqu'inconnue du grand public. C'est donc en 2020 qu'il y aurait été presqu'impossible de trouver un humain sur la planète Terre qui ne connaissait pas cette pandémie. Alors, il faut prêter attention à l'année 2021, nous verrons la raison plus tard.

- Enfin, la dernière chose, et la plus importante, à retenir de cette hausse des baptêmes c'est qu'elle est le résultats des malheurs, tels que le COVID-19, la guerre, les souffrances. Ce dernier point est la clé pour mieux comprendre ce livre. Ce n'est ni une action du clergé français qui a engendré cette hausse, ni des évènements heureux, mais des événements malheureux: c'est justement à ce niveau que tout le problème se trouve, car je n'aurais pas écrit ce livre si c'étaient des événements heureux qui avaient donnés naissance à la hausse des conversions.

En effet, en lisant beaucoup d'articles en ligne et en visionnant beaucoup de vidéos sur YouTube, tu verras que le COVID-19 a été mentionné plusieurs fois en ce qui concerne cette hausse. Tu comprendras donc que l'année 2021 n'est pas un hasard. Je recommande de visionner la chronique de la journaliste Charlotte d'Ornellas sur la chaîne CNEWS le 28 mars. Un extrait de cette chronique se trouve parmi les vidéos publiées sur notre chaîne YouTube **NE APS SAINT ESPRIT Simon-Pierre.**

Extrait de la chronique de Charlotte d'Ornellas :

-Journaliste : 《...hier la conférence des évêques de France a présenté son enquête annuelle sur les adultes et les adolescents qui seront baptisés donc dans la nuit de samedi à dimand'Esaïelée pascale) et, **surprise**, les <u>chiffres explosent</u>. Concrètement que représentent ces

conversions aujourd'hui ? Baptême veut dire conversion.
》

-Charlotte D'Ornella : 《 Chaqu'année, depuis plus de 20 ans, la conférence des évêques de France fait une enquête sur les catéchumènes, sur les adultes qui demandent le baptême, pour essayer de comprendre qui ils sont etc. Et cette année, c'est quand même quelques années, elle dit on a des résultats jamais atteints depuis la création de cette enquête là. Alors, il y a plusieurs choses qui ressortent, on va dire, de cette enquête cette année. Un, les catéchumènes, donc les catéchumènes c'est ceux qui demandent le baptême adulte, sont de plus en plus nombreux. Et **l'explosion date de la période POST-COVID**, et ça revient dans la bouche de tous ceux qui accompagnent, qui demandent le baptême, les évêques. Puisque chaque personne qui demande le baptême écrit une lettre à l'évêque pour expliquer pourquoi. Et la période post-COVID, ajouté à ça, **ils évoquent l'augmentation de la violence, le retour de la guerre**. La période post-Covid c'est évidemment la souffrance, la maladie, la mort qui reposent la question des fins dernières. Mais c'est aussi **les limites de la technique qui devait prendre la place de la religion...**》

Dans cette chronique, la journaliste Charlotte d'Ornella affirme que c'est depuis plus de 20 ans que la

CEF mène une enquête chaqu'année sur les catéchumènes afin de connaître ce qui les a motivé à vouloir recevoir le baptême. Il ne s'agit donc pas d'une enquête qui a été menée uniquement en 2024, à cause de cette hausse des conversions. Charlotte d'Ornella fait comprendre que , d'après les résultats de ces enquêtes, le nombre de personnes qui allait recevoir le baptême est un record jamais atteint depuis plus de 20 ans, c'est-à-dire, longtemps avant le COVID-19. Elle affirme clairement que c'est depuis la période POST-COVID-19 que cette hausse a commencé (et non pas seulement en 2024) et que les catéchumènes interrogés affirment eux-mêmes que ce sont les malheurs tels que le COVID-19, la guerre, les souffrances, entre autres, qui sont à l'origine de leurs conversions. Autrement dit, sans ces malheurs, ces personnes ne se seraient certainement pas convertis! Charlotte d'Ornella cite aussi 《 l'échec de la technique (science) qui devait prendre la place de la religion 》 .

Notons bien: il s'agit ici des résultats d'une enquête et non pas des suppositions. C'est-à-dire que la CEF ne suppose pas que peut-être ce sont ces malheurs qui ont entraînés des conversions, mais des personnes ont été interrogées et la CEF vous donne juste leurs réponses de manière objective.

En conclusion, nous devons retenir de ces résultats de l'enquête de la CEF que, en France où la religion était en perte de vitesse depuis plusieurs années, il y a curieusement une forte croissance des conversions depuis la période post-Covid, et que le COVID-19 et les autres malheurs sont à l'origine de ces conversions. Nous allons à présent voir que, à plusieurs reprises dans la Bible, Dieu s'est servi des malheurs pour pousser le peuple à se convertir, lorsque ce dernier s'éloignait de lui.

II - L'IMPIÉTÉ, LES CHÂTIMENTS DIVINS ET LA CONVERSION DES PEUPLES DANS LA BIBLE

Nous allons voir à présent qu'il y a plusieurs passages dans la Bible où Dieu châtie le peuple en faisant abattre sur lui des malheurs, pourquoi il le fait, comment il châtie, la solution pour éviter ou mettre fin aux malheurs (châtiments) dont Dieu est à l'origine, et la finalité de ces malheurs. Il est question de montrer que la hausse des conversions en France grâce à la pandémie est tout à fait normale selon la Bible, et que la ruine financière fait partie des armes de conversion de Dieu. Puisqu'il a montré l'exemple avec la pandémie, si l'on n'en tire pas des leçons, il va accentuer avec la chute économique.

-QUELQUES PASSAGES BIBLIQUES SUR LE CHÂTIMENT

Une multitude de passages dans la Bible montrent que Dieu peut être à l'origine de certains malheurs qui frappent les humains. Nous allons voir quelques uns:

- Le déluge : dans le livre de la Genèse, à partir du chapitre 6, la Bible nous fait savoir que Dieu avait vu que les êtres humains étaient de plus en plus malfaisants et les penchants de leurs cœurs portaient de façon constante et radicale vers le mal. Il en fut attristé au point de regretter d'avoir créé l'homme. Noé était le seul parmi ses contemporains à être fidèle à Dieu. C'est la raison pour laquelle Dieu avait fait qu'il y ait le déluge.

- La destruction de Sodome et Gomorrhe: Toujours dans le livre de la Genèse, chapitre 18, à partir du verset 20, Dieu fait comprendre à Abraham que les péchés des habitants de Sodome et Gomorrhe sont bien graves, et il lui promet de ne pas détruire s'il y trouve seulement dix personnes justes. Sodome et Gomorrhe ont été détruits par la suite. Cela veut dire que Dieu n'y a pas trouvé même seulement 10 justes.

- Ninive: Dans le livre du prophète Jonas, Dieu a menacé de détruire la ville de Ninive à cause de l'excès de péché. Heureusement, le peuple s'est vite converti et Dieu a renoncé au châtiment. Les occidentaux ont intérêt à suivre cet exemple.

† Ésaïe 47:9, Dieu dit à Babylone : 《Eh bien, soudain, en un seul jour, **ces deux malheurs te surprendront** : d'un seul coup tu perdras tes enfants et tu deviendras veuve .**Et cela t'arrivera malgré toutes les précautions** de tes sorciers et magiciens. 》

† Ézékiel 1:21: 《Ensuite le Seigneur Dieu me déclara : « J'ai infligé à Jérusalem les quatre grands fléaux que sont la guerre, la famine, les bêtes féroces et la peste, de façon à exterminer les hommes et les bêtes.》

- Dieu dit dans Jérémie 24:10: 《Je ferai passer sur eux la guerre, la famine et la peste jusqu'à ce qu'ils aient disparu du sol que je leur avais donné, à leurs ancêtres et à eux. 》

- † Évangile selon Luc 19:41-44: 《Quand Jésus fut près de la ville et qu'il la vit, il pleura sur elle, en disant : « Si seulement tu comprenais toi aussi, en ce jour, comment trouver la paix ! Mais maintenant, cela t'est caché, tu ne peux pas le voir ! Car des jours vont venir pour toi où tes ennemis t'entoureront d'ouvrages fortifiés, t'assiégeront et te presseront de tous côtés. Ils te détruiront complètement, toi et ta population ; ils ne te laisseront pas une seule pierre posée sur une autre, parce que tu n'as pas reconnu le temps où Dieu est venu te secourir ! »

Dans ce passage, la Bible nous fait comprendre que Jésus-Christ a **pleuré** pour Jérusalem en lui prédisant que l'ennemi allait la détruire, car elle a rejeté Dieu.

L'on peut donc constater qu'il existe une multitude de passages, y compris dans le nouveau testament, où Dieu parle des malheurs qui vont s'abattre sur les peuples.

-LA CAUSE DES MALHEURS D'ORIGINE SPIRITUEL, OU CHÂTIMENTS DIVIN

Est-ce que Dieu fait abattre ces malheurs, ou les laisse, parce qu'il est incapable de les empêcher, ou parce qu'il est méchant? Certes, il existe des exceptions, comme celui de Job par exemple, où Dieu a permis les malheurs à un homme juste (nous n'allons pas entrer dans les détails, car ce n'est pas important ici), mais au moins à 90% des cas, c'est l'impiété qui était la cause de ses châtiments : lorsque le peuple se détourne de Dieu, comme en Occident.

-COMMENT DIEU CHÂTIE

Nous avons vu les exemples du déluge et de la destruction de Sodome et Gomorrhe où le châtiment passe par des catastrophes naturelles. Cependant, Dieu peut aussi se servir des humains. C'est la raison pour laquelle dans plusieurs passages, il parle de la guerre. Nous savons que ce sont des êtres humains qui déclarent la guerre à d'autres humains, alors l'on peut penser que toutes les guerres sont purement des œuvres humaines. Mais la Bible nous fait donc comprendre qu'il existe aussi des guerres d'origine spirituel. J'apporte cette précision parce que nombreux sont ceux qui pensent que le corona virus est une invention humaine, sortie des laboratoires, alors cette pandémie ne peut avoir aucun rapport avec la spiritualité. Dieu fait donc comprendre qu'il peut bien se servir des humains pour son châtiment, et non pas seulement des catastrophes naturelles.

Dieu a donc cité la guerre (comme celle entre la Russie et l'Ukraine, ou entre Israël et le Hamas); la peste (comme la pandémie de corona virus) et la famine (l'inflation) comme faisant partie de ses instruments de châtiments. Alors, face à certaines inflations, les populations du pays concerné pourraient accuser leurs dirigeants d'incompétence et les sanctionner lors des élections en votant un nouveau président, or même le nouveau président ne pourra rien faire.

-LA SEULE SOLUTION AUX MALHEURS D'ORIGINE SPIRITUEL

Vouloir trouver la solution à un malheur derrière lequel Dieu se cache grâce à la science c'est la plus grosse bêtise que les humains puissent commettre. Vous allez certainement me dire que j'ai dit que nous allons parler du COVID-19 sous un plan spirituel, or cette pandémie n'existe presque plus grâce aux vaccins qui ont été produits par la science. Mais alors, peut-on véritablement mettre la disparition du COVID-19 à l'actif de la science? Si oui, que dis-tu de sa disparition en Afrique aussi, pourtant le taux de vaccination y était proche de 0%? Nous y reviendrons.

Retenons que dans Esaïe 47:9, Dieu a dit à Babylone que les malheurs vont la frapper sans qu'elle ne puisse échapper, malgré ses précautions. Autrement dit, ce ne sera pas un problème de manque de précautions ou de faiblesse de ces précautions, mais c'est tout simplement parce que c'est Dieu lui-même qui est à l'œuvre. D'ailleurs, dans Esaïe 43 :13, Dieu dit:

《nul ne peut délivrer de ma main, (mêmes pas les plus grands scientifiques de la Terre), si j'agis, qui pourrait me faire renoncer ?》 Dieu avait déjà dit la même chose dans Deutéronome 32: 39 en affirmant que: 《C'est moi qui fais mourir et qui fais vivre; quand j'ai frappé, c'est moi qui guéris, et personne ne délivre de ma main.》 Nous allons revenir sur le COVID-19 et vous verrez à quel point les scientifiques déliraient face à cette pandémie, afin de mieux comprendre ces affirmations de Dieu.

Puisque personne ne peut délivrer de la main de Dieu, alors la seule et unique solution face à des malheurs, ou châtiments, dont il est à l'origine c'est la conversion, ou la repentance. Tu vas certainement me dire qu'il n'a pas fallu la repentance ou conversion pour que la pandémie du COVID-19 "disparaisse", mais je te réponds en te demandant si tu crois d'abord que cette pandémie a totalement disparu et ne reviendra plus jamais, puisque les scientifiques continuent toujours à s'en méfier. En plus, nous avons vu que Dieu pouvait se servir de plusieurs malheurs différents (guerre, peste, famine) pour son châtiment, alors la baisse significative du COVID-19 ne signifie pas la fin de tous les malheurs . La preuve en est que la guerre continue et risque de prendre plus d'ampleur en arrivant dans d'autres pays et en utilisant les armes nucléaires: la menace du président

Poutine n'est pas à prendre à la légère, les dirigeants le savent très bien. En plus de la guerre, voilà aussi la famine (inflation) qui secoue de nombreux pays.

-LA FINALITÉ DES MALHEURS D'ORIGINE SPIRITUEL

Nous avons donc vu que Dieu peut bel et bien être à l'origine de certains malheurs qui frappent les humains, lorsque le peuple s'éloigne de lui. Il ne s'agit pas d'une simple punition pour rendre aux humains le mal qu'ils ont commis, ou d'un acte de méchanceté de Dieu qui se réjouit de voir les humains périr. La seule et unique finalité de ces malheurs c'est la conversion du peuple. Confère Esaïe chapitre 45 à partir du verset 14, surtout à partir du verset 20: je l'ai déjà détaillé dans mon tout premier livre dont le sous titre est **LA CONVERSION DES NATIONS.**

En guise de conclusion, nous venons de voir qu'il existe de nombreux passages bibliques où Dieu laisse des malheurs s'abattre sur les peuples, ou qu'il est lui-même l'auteur de ces malheurs, lorsque le peuple se détourne de lui, et la finalité de ces malheurs c'est la conversion de ce peuple. Nous pouvons donc voir que c'est exactement la même situation qu'en France où le peuple se détournait de plus en plus de Dieu, et suite à des malheurs, il y a à nouveau de plus en plus de conversions : est-ce une simple coïncidence ? C'est encore trop tôt pour répondre, cependant chacun pourra se faire sa petite idée après.

Nous allons à présent voir que ce qui se passent en France est aussi normal selon les spécialistes de la Bible.

III- COMMENTAIRES DES EXÉGÈTES SUR LE LIEN ENTRE LES MALHEURS ET LA CONVERSION

La Bible est un ensemble de plusieurs livres, appartenant à des auteurs différents, qui ont été mis en commun. Cependant, il existe plusieurs versions de Bible mises sur pieds par des spécialistes ou exégètes. Plusieurs parmi ces différentes versions sont accompagnés des commentaires des auteurs de ladite version de Bible. Nous allons nous intéresser aux commentaires des exégètes de la Bible TOB et de ceux de la Bible des peuples.

-LES EXÉGÈTES DE LA BIBLE TOB

À l'introduction au prophète Zacharie de la Bible TOB, nous pouvons lire cet extrait :

《...les périodes de grandes épreuves ont toujours constitué, pour le peuple, des moments d'intenses RÉVEILS RELIGIEUX.》

Cette hausse des conversions dont révèle l'enquête de la CEF mérite, à juste titre, d'être qualifiée de 《 réveil religieux 》. D'ailleurs, plusieurs membres du clergé ont affirmé qu'il s'agit d'un réveil, un renouveau. Or, ce réveil religieux en France est justement précédé par des épreuves, comme le révèle l'enquête. En d'autres termes, on se rend compte que ce dont les exégètes de la Bible TOB avaient déjà dit depuis, c'est exactement ce qui est en train de se produire en France : le réveil religieux suite à des épreuves. Alors, contrairement au clergé, les auteurs de cette version de Bible ne devraient pas êtres surpris face à cette hausse des conversions en France. Prenons le deuxième exemple.

-LES EXÉGÈTES DE LA BIBLE DES PEUPLES

Nous allons aussi prendre un extrait de l'introduction au prophète Osée de la Bible des peuples et nous allons ensuite le comparer à ces résultats des enquêtes de la CEF, tout en voyant son rapport avec le titre de ce livre.

« Osée commence à prêcher[...] à la fin du règne **prospère** de Jéroboam II. Tout de suite après va commencer la **décadence** qui en 20 ans mènera à la prise de Samarie et à la déportation de ses habitants. Osée accuse et menace un peuple qui vit dans l'indifférence. Il continuera à prêcher pendant que le **royaume s'effondrera**. Il prédit le <u>**châtiment**</u> du peuple irresponsable et infidèle à l'alliance avec son Dieu, mais il comprend aussi que **Dieu est un éducateur et qu'il a ses raisons pour permettre les malheurs et même la destruction de la nation**. C'est par ce moyen qu'Israël redeviend ra ce qu'il était autrefois quand Dieu l'avait pris par la main et fait sortir d'Egypte : **les israélites redeviendront un peuple pauvre** et humble, capable de suivre son Dieu dans la foi et l'amour. »

Cet extrait est d'une richesse incommensurable. Il nous permet d'abord de comprendre que Dieu, qui est reconnu comme bon, est capable de permettre des malheurs: la pandémie de COVID-19 était aussi un malheur, alors il est possible que Dieu se cache derrière. Dieu ne se limite pas aux simples malheurs, mais il est aussi capable de permettre la destruction ! Pendant le COVID-19, les humains étaient dans le malheur certes, mais il n'y avait pas de destruction. Par contre, avec la guerre il y a en même temps malheurs et destruction. Si donc Dieu est capable de permettre la destruction, comme le dit la Bible des peuples, alors il serait capable de permettre que la guerre entre Israël et le Hamas s'intensifie avec l'entrée en jeu de plusieurs autres nations. Dieu serait aussi capable de permettre que la guerre entre la Russie et l'Ukraine traverse les frontières de ces 2 pays par l'attaque de plusieurs autres pays occidentaux par la Russie, et ses alliés, avec aussi l'entrée en jeu des armes nucléaires, comme le président de la Russie, Vladimir Poutine, l'avait dit. Alors il ne faut pas considérer cela comme de simples menaces, mais il faut prendre très au sérieux, puisque même Dieu est capable de le permettre.

L'extrait nous a fait comprendre que c'est parce que le peuple d'Israël s'était détourné de Dieu qu'il l'a châtié, et que la finalité de ce châtiment était la conversion de ce peuple. Nous avons vu qu'il existe plusieurs passages bibliques où Dieu lui-même châtie le peuple lorsque ce peuple se détourne de lui et que la finalité de ce châtiment c'est la conversion. Cet extrait confirme donc ce que nous avions déjà dit.

Je ne saurais ne pas mentionner cet autre enseignement que nous pouvons tirer de cet extrait, et qui concerne directement ce livre sur la décadence. Nous avons déjà dit que c'était un contexte où le peuple d'Israël n'obéissait plus à Dieu. Cette introduction fait bien de préciser qu'au début du ministère du prophète Osée, Israël était prospère. Mais alors, a-t-il conservé cette prospérité

? Non, le peuple est passé de la prospérité à la pauvreté, après la décadence d'Israël. Alors, d'où provient cette décadence, ou cette pauvreté d'Israël ? Était-ce à cause de l'incompétence de ses dirigeants ? Non! C'est bien Dieu qui en était à l'origine.

En résumé, d'après l'introduction au prophète Osée de la Bible des peuples, Dieu est capable d'appauvrir un pays qui était prospère : Dieu est donc capable d'entraîner la décadence et même la pauvreté de l'Occident et de toutes les grandes puissances où le peuples croient de moins en moins à Dieu. Nous avons déjà vu, d'après cet extrait, que Dieu peut permettre des malheurs (comme la pandémie de COVID-19) et la destruction (comme pendant la guerre) lorsque le peuple d'une nation se détourne de lui et que la finalité de ces malheurs c'est la conversion de ce peuple. Cela rejoint ce que nous avions déjà dit par rapport aux passages bibliques sur le châtiment divin, ça rejoint aussi ce qu'a dit la Bible TOB, et nous pouvons aussi dire que c'est exactement ce qui est en train de se passer en France à travers cette hausse des conversions. Nous avons déjà dit qu'en France, comme dans les autres pays occidentaux et mêmes plusieurs autres grandes puissances, le peuple croit de moins en moins en Dieu. En observant la pandémie de COVID-19 de plus près, on se rend compte que c'est dans ces grandes puissances impies que cette pandémie avait frappé le plus. Car, nous allons voir plus tard que (et j'en avais suffisamment parlé dans mon précédent livre), compte tenu de son retard sur le plan scientifique, l'organisation mondiale de la santé avait prédit le pire pour l'Afrique au début du COVID-19. Mais, plus tard, contre toute attente, tout le monde était unanime que non seulement l'Afrique n'avait pas connu ce pire, mais elle avait pratiquement été épargnée par cette pandémie. Un média avait d'ailleurs reconnu que le COVID-19 était 20 fois plus grave en Italie où il y a de grands scientifiques qu'en Afrique. Cependant, contrairement à l'Occident et les grandes puissances, Dieu (la religion) occupe une place importante auprès des peuples africains.

Nous allons consacrer une section à l'observation de la limite de la science face au COVID-19. Cependant, tout le monde peut déjà constater qu'en Occident où la science est très développée, mais où le peuple croit de moins en moins en Dieu, la pandémie de COVID-19 était extrêmement pire par rapport à l'Afrique qui accuse un retard abyssal en science, mais où Dieu occupe une place importante. Le plus important est de montrer que, si Dieu est derrière la pandémie de COVID-19 et que cette pandémie avaient montré les limites des plus grands scientifiques de la Terre qui se trouvent dans ces pays développés où l'impiété gagne du terrain, alors Dieu pourra aussi provoquer la décadence de ces nations. Il est important de noter que d'après cette introduction au prophète Osée, la décadence n'était pas instantanée. Elle s'était fait en 20 ans, alors la décadence des pays développés pourra aussi être lente, mais certaine, s'il n'y a pas une grande prise de conscience collective.

IV- MES PRÉDICTIONS DU RENOUVEAU SPIRITUEL

Prédire signifie dire à l'avance ce qui va arriver. C'est ce que font les scientifiques. Cependant il y a des événements dont la science est incapable de prédire d'une part, et d'autres parts, la prédiction n'est pas une exclusivité des scientifiques. La prédiction est l'un des domaines de la spiritualité, où elle est appelée prophétie. L'élément centrale de la prédiction ce sont les dates, car elles permettent de savoir que ce qui s'est passé ou est en train de se passer avait déjà été prédit d'avance.

Nous avons donc vu que c'est le 27 mars que la CEF a publié son rapport d'enquête, et c'est le lendemain que Charlotte d'Ornella en a fait sa chronique. Or, le **30 avril 2023**, j'avais publié mon premier livre sur Amazon, avec pour:

- titre : **REVELATIONS DE DIEU SUR LE COVID19, L'UKRAINE, L'INFLATION MONDIALE**

-Sous-titre : **LA CONVERSION DES NATIONS**

Après ce premier livre, j'avais encore publié sur Amazon un second livre le **13 Août 2023** :

Titre: **INFLATION, COVID19, GUERRES HISTORIQUES**

Sous-titre : **DES SIGNES DU PRINTEMPS SPIRITUEL MONDIAL**

Rien qu'à travers les titres et les sous-titres de ces deux livres, on comprend clairement qu'ils prédisaient déjà ce que le rapport de l'enquête de la CEF a révélé plus tard. Je ne vais pas entrer dans les détails car, après avoir pris connaissance de ce rapport de la CEF, tout le monde peut se procurer ces livres sur Amazon pour voir que leurs contenus sont identiques au rapport. Et en regardant les dates de publications de ces livres, tout le monde peut aussi constater qu'ils avaient été publiés longtemps avant ce rapport.

Cependant, puisque c'est depuis 2021 que la tendance à la hausse des conversions avait commencé et que c'est après, en 2023, que j'ai publié ces livres, certaines personnes peuvent penser que j'étais déjà informé de cette hausse, alors je m'y suis basé pour écrire ces livres. Mais ceux qui ont déjà lus ces deux livres, surtout le second (puisqu'il contient des captures d'écran de mes publications où je faisais des prédictions) ne peuvent pas penser ainsi. En effet, ils savent que c'est depuis 2019, avant même le début de la pandémie du corona virus, que j'avais déjà commencé les prédictions d'un grand changement dans le monde. Puis au début de l'année 2020, lorsque le COVID-19 s'intensifiait dans le monde, j'avais encore fait une multitude de prédictions en disant que la science allait montrer ses limites face à cette pandémie et que ladite pandémie allait avoir une incidence positive sur le plan spirituel: c'est justement ce que le rapport de l'enquête de la CEF a révélé. Alors, depuis 2020, bien avant le début de la tendance à la hausse des conversions en 2021, j'avais déjà prédit tout cela: ces livres sont sur Amazon, pour le témoigner.

Je vais citer juste deux exemples. Le **14 Avril 2020,** j'avais publié une vidéo, sur YouTube, intitulée : LIEN ENTRE LA BIBLE ET LE COVID19. Dans sa description, vous pouvez lire ceci:

《Le covid19 est un plan de Dieu pour reconstruire le monde. Comme Jérusalem, le monde doit être détruit (ruiné) pour que Dieu le reconstruise : **rejouissons-nous car le meilleur reste à venir après cette pandémie.** 》

Puis le **29 mai 2020**, j'avais publié une autre vidéo, toujours sur YouTube, intitulée: **COVID19 : SIGNE DIVIN OU PANDÉMIE NATURELLE?** Dans sa description, vous trouverez cet extrait : 《...Selon moi, elle annonce une nouvelle ère spirituelle mondiale, un nouvel exode plus merveilleux. 》

Vous pouvez donc remarquer que, tandis que le monde entier était dans la panique totale (les leaders religieux demandaient de prier pour que Dieu mette fin à cette pandémie, les dirigeants politiques et les scientifiques cherchaient des solutions de leur côté), moi je demandais plutôt de se réjouir en disant que le monde va traverser des malheurs, mais ces malheurs vont engendrer le meilleur.

Dans la vidéo, intitulée COVID-19 : SIGNE DIVIN OU PANDÉMIE NATURELLE?, ce qui nous intéresse le plus c'est le fait que j'y avais recommandé la méditation d'Esaïe 40 à 55. Après avoir prédit la méditation d'Esaïe 40 à 55, il y a eu une multitude de choses concernant le COVID-19 qui correspondent exactement à des passages de cet intervalle. J'invite chacun à les vérifier soi-même, car ce même intervalle parle aussi de la décadence. Alors autant les prédictions sur le COVID-19 se sont réalisées, autant celles sur la décadence aussi se réaliseront.

Nous avons vu que dans la chronique de Charlotte d'Ornella, sur le rapport de l'enquête de la conférence des évêques de France, elle a cité entre autres le COVID-19 et les souffrances. Ces souffrances peuvent bien renvoyer au début de la décadence. Nous avons aussi vu que, dans l'introduction au prophète Osée de la Bible des peuples, les exégètes n'ont pas seulement parler des malheurs et la destruction, mais aussi de la décadence. Alors dans le domaine spirituel, les malheurs s'accompagnent généralement de la décadence, ou déclin économique. En revenant à Esaïe 40 à 55, j'ai montré suffisamment d'exemples entre Esaïe 44:25-26 et le COVID-19 qui se sont déjà réalisés. Le verset 27 parle de l'appauvrissement ou décadence du riche, alors il va aussi se réalisé comme les versets 25 et 26. Dans Esaïe chapitre 47, j'ai aussi montré que ce qui y est dit s'est déjà réalisé avec le COVID-19, or dès le debut de ce chapitre, Dieu parle de la décadence de Babylone, de la perte de son hégémonie. Puisque les versets 9 et 11 se sont déjà réalisés avec le COVID-19, la décadence aussi va suivre.

En résumé, nous venons de voir que dès le début de la pandémie de corona virus en 2020, j'avais prédit qu'elle annonçait de bonnes nouvelles, et le rapport de l'enquête de la conférence des évêques de France en 2024 revèle effectivement que le COVID-19 a eu une incidence positive pour l'Eglise. Cette hausse des conversions n'est donc pas un hasard mais un signe divin qui avait déjà été prédit, d'où la nécessité de prendre les choses très au sérieux. Et puisque ma prédiction sur le réveil religieux est déjà en train de se réaliser, alors celle aussi sur le déclin économique va suivre, si rien n'est fait, car les deux marchent ensemble.

Nous avons donc vu qu'il existe de nombreux passages dans la Bible où Dieu châtie le peuple en permettant des malheurs et même la destruction, lorsque le peuple se détourne de lui, afin d'obliger le peuple à se convertir, d'un. De deux, nous avons vu que selon les spécialistes de la Bible, Dieu permet les malheurs et même la destruction lorsque le peuple se detroune de lui, car les periodes d'épreuves sont des moments de réveil spirituel. De trois, nous avons vu que j'avais prédit qu'il devait avoir des malheurs dans le monde, mais qu'il faut s'en réjouir puisqu'elles annoncent des lendemains meilleurs. Enfin, nous avons aussi vu que selon l'enquête de la conférence des évêques de France, il y a une tendance à la hausse des baptêmes ou conversions depuis la période post-Covid, c'est-à-dire, grâce à des malheurs.

V- DES LEÇONS DU COVID-19 IGNORÉES : les limites de la science (du scientisme)

Dans mon second livre, j'ai énormément parlé du COVID-19, surtout à partir de la pages 40, mais je reviens dessus dans ce livre afin que vous tiriez des leçons sur le COVID-19 pour la décadence des grandes puissances impies. Je vais de ce fait numéroter les exemples sur le COVID-19 qui auraient dû attirer votre attention.

NOTONS BIEN: Bien que certains malheurs soient naturels et nécessitent juste les sciences pour apporter leurs solutions, la Bible nous fait savoir qu'il existe aussi des malheurs surnaturels, ou châtiments divins, face auxquels la science est impuissante, puisque nul ne peut délivrer de la main de Dieu: leur finalité c'est la conversion. Nous sommes donc face à une situation où les scientistes affirment que la science est la seule source de connaissance, tandis que la Bible dit que c'est faux, il faut aussi tenir compte du savoir religieux. Qui des deux a donc raison? J'ai dit que ce que j'affirme doit être cohérent, et surtout vérifiable. Alors, en citant les exemples sur le COVID-19, je donne leurs références afin que le lecteur lui-même puisse aller les vérifier avant d'en tirer ses propres conclusions. Par exemple, lorsque je donne le titre de l'article d'un média, je souhaiterais que le lecteur recherche cet article et le lise afin d'établir la cohérence entre ce que dit l'article et mes affirmations.

1-Dès le début du COVID-19, voyant les dégâts de cette pandémie dans les pays développés, et sachant que l'Afrique est très en retard sur le plan scientifique, les scientifiques de l'organisation mondiale de la santé avaient prédit que l'Afrique devait "se réveiller et se préparer au pire". Après avoir lu leur prédiction du pire, le 22 Mars 2020, j'avais fait une publication sur Facebook disant que puisque tout le monde se moque des africains qui adorent Dieu en vantant les mérites de la science, malgré le retard de ce continent sur le plan scientifique et bien que les scientifiques lui prédisent le pire, 《l'Afrique ne connaîtra pas ce pire, car la main puissante de Dieu va protéger ce continent, **afin de vous prouver que la science seule ne suffit pas, nous ne devons pas abandonner Dieu.**》 J'avais conclu en demandant d'enregistrer la publication afin de servir de témoignage le moment venu. Puis 7 mois plus tard, précisément le 05 octobre 2020, dans l'émission Apolline Matin de la chaîne RMC, la journaliste Apolline avait posé la question de savoir 《**pourquoi l'Afrique est épargnée par le COVID-19**》 car, dit-elle, "on se souvient des inquiétudes importantes lorsque le virus est apparu." Et le chroniqueur   Nicolas Poincaré avait répondu en disant que 《c'est ce que l'on pourrait appeler le **miracle africain,** puisque le continent le plus pauvre est également le moins touché...Il y a 20 fois plus de mort en Italie qu'en Afrique.》

Vous pouvez remarquer que dans ma publication, j'avais parlé du retard de l'Afrique sur le plan scientifique, et ce chroniqueur est revenu dessus en parlant du continent le plus pauvre. On remarque aussi que l'OMS avait demandé à l'Afrique de se préparer au **pire,** autrement dit, d'après les prédictions de ces scientifiques, le COVID-19 devait frapper l'Afrique plus que tous les autres continents. Curieusement, on nous dit que c'est le contraire qui s'était réalisé, puisque le COVID-19 était 20 fois plus mortel en Italie, pays développé ayant de très grands scientifiques, qu'en Afrique. Je voudrais surtout qu'on remarque que j'avais prédit que c'est la main puissante de Dieu qui allait protéger l'Afrique, autrement dit, que Dieu allait faire un miracle pour l'Afrique. Ce chroniqueur a effectivement reconnu que la situation de l'Afrique relève du miracle. Il ne pensait certainement pas du sens propre du terme, mais sachant maintenant que j'avais déjà prédit le miracle et sachant que cette pandémie a aujourd'hui une incidence positive sur le plan spirituel, ne faudrait-il pas reconnaître que c'était effectivement un miracle au sens propre? Remarquons enfin que j'avais parlé de la science en disant qu'elle seule ne suffit pas, mettant ainsi en exergue les limites de la science, et Charlotte d'Ornella est aussi revenue sur cette limite de la science.

2- Après le 《miracle africain》 dont avait parlé Nicolas Poincaré,   passons   maintenant   au   《miracle britannique》 dont avait parlé la chaîne France 24. Le 05-08-2021, France24 avait publié un article intitulé :
<u>COVID-19 :le foot, l'été et les précautions, les clés du</u>
<u>"**miracle** " britannique ?</u> 《Le nombre de nouveaux cas de contaminations au COVID-19 a fortement baissé

depuis 2 semaines au Royaume-Uni. Une évolution de l'épidémie qui **défie la plupart des prévisions...》** , avait écrit France24. Le journal Le Monde avait également consacré une publication sur ce sujet le 11 Août 2021, avec pour titre: <u>COVID-19: Angleterre, la bonne **surprise** de la levée des restrictions.</u> Par Éric Albert. En voici un extrait:

Sous-titre: 《Des épidémiologistes pris par **surprise**》

《Cette évolution a pris la plupart des épidémiologistes par surprise, ainsi que le gouvernement britannique lui-même. Sajid Javid, le ministre de la santé, avait publiquement anticipé un possible pic de 100 000 cas positifs par jour, ce qui aurait été le plus haut niveau jamais enregistré de la pandémie. Neil Ferguson, épidémiologiste à l'Imperial College London, **dont les modèles avaient été cruciaux pour convaincre M. Johnson d'imposer le premier confinement** en mars 2020, évoquait même 200 000 cas par jour.》

De quoi s'agit-il au juste? Je vous invite à lire ces articles sur internet, il suffit juste de taper les titres dont j'ai mentionnés. Mais en résumé, il y avait cinquante milles nouvelles contaminations au COVID-19 par jour en Angleterre lorsque le gouvernement avait pris le risque de mettre fin au confinement, tout en ayant peur que le nombre de nouvelles contaminations allait doubler, soit

100 000 comme il est dit dans l'extrait. Mais curieusement, au lieu de se **multiplier** par 2 comme le gouvernement britannique et ses scientifiques le craignaient, ce nombre s'était plutôt **divisé** par 2. Le gouvernement et les scientifiques étaient donc perdus, ils n'y comprenaient absolument rien. Le journal Le Monde dit même que le scientifique Neil Ferguson, dont les modèles avaient convaincu le premier ministre d'imposer le confinement par le passé, ne prédisait même pas seulement 100 000 nouvelles contaminations, mais plutôt 200 000, soit 4 fois le nombre qui existait déjà. Je vous laisse donc comparer l'écart entre les 100 000 nouvelles contaminations dont les scientifiques avaient prédit et les 26 000 nouvelles contaminations qu'il y avait eu dans la réalité. À chacun d'apporter son propre jugement entre la prédiction des scientifiques qui disaient que le nombre allait se multiplier et le fait que le nombre se soit plutôt divisé. Faut-il encore faire une comparaison entre les 200 000 prédit par le scientifique Neil Ferguson et les 26 000 réels? Pourtant, le journal fait bien de mentionner que les dirigeants politiques britanniques s'étaient appuyés sur les travaux de ce scientifique par le passé pour prendre des décisions concernant le COVID-19!

3- « On nous dit souvent que **nos modèles prédisent tout et son contraire** et qu'ils ne servent à rien, reconnaît la modélisatrice Vittoria Colizza de l'Institut national de la santé et de la recherche médicale (Inserm), **dont les travaux éclairent la décision publique depuis le début de la pandémie.》**

Voilà un extrait d'une publication de Chloé Hoorman et David Larousserie pour le compte du journal Le Monde du 12 octobre 2021, avec pour titre : COVID-19: Pourquoi il est de plus en plus difficile de modéliser l'évolution de l'épidémie. Nous sommes ici en France, voilà leurs scientifiques, sur qui leurs dirigeants politiques s'appuyaient pour prendre leurs décisions concernant le COVID-19, qui avouent qu'on leur dit que leurs modèles ne servent à rien puisqu'ils prédisent tout et son contraire: "ils perdent la raison (Esaïe 44:25). Autrement dit, les prédictions de ces scientifiques échouent aussi. Et comme en Angleterre, on voit que même en France, les dirigeants politiques s'appuyaient sur les travaux, erronés, de ces scientifiques pour prendre leurs décisions. Alors comment ces décisions pouvaient-elles être bonnes? Les militants ou sympathisants de l'extrême droite, bref les partis politiques qui ne sont pas au pouvoir dans différents pays, accusent les dirigeants politiques d'être les responsables des mauvaises conditions de vie des populations. Ils les accusent d'incompétence, d'où la nécessité de les sanctionner dans les urnes en votant pour de nouveaux dirigeants. Mais alors, est-ce que ces scientifiques vont aussi perdre leurs postes au profit de nouveaux scientifiques qui conseilleront à leurs tours ces nouveaux dirigeants ? Les nouveaux dirigeants vont continuer avec les mêmes scientifiques, aux prédictions erronées, alors ils prendront à leurs tours de mauvaises décisions. Par conséquent, les conditions de vie des populations ne vont pas changer comme l'on espérait.

4- 《On est dans une situation difficile, voire critique [...] On avait prévu qu'il y aurait cette deuxième vague, mais **nous sommes nous-mêmes surpris** par la brutalité de ce qui est en train de se passer depuis 10 jours》 , a déclaré le professeur Delfraissy, en relevant que "beaucoup de nos concitoyens n'ont pas encore pris conscience de ce qui nous attend.》

Voici le quatrième exemple, tiré d'un extrait de la publication de la chaîne BFM RMC du 26 octobre 2020, avec pour titre: <u>"100 000 cas par jour": le président du **Conseil scientifique** estime le nombre de contaminations plus élevées.</u> Vous l'avez donc bien compris, le professeur Jean-François Delfraissy est un scientifique, il est le président de leur conseil en France. Cependant, ce qui est curieux et qui intéresse c'est qu'il affirme qu'eux, les scientifiques, ils sont **"surpris"**. Si donc eux les scientifiques sur qui l'on compte pour expliquer aux profanes ce qui se passe, ils sont plutôt surpris, alors qui doit donc comprendre et expliquer au peuple, et comment leurs propositions pourraient être efficaces?

5- Toujours sur la chaîne RMC, à l'émission Apolline Matin du 29 octobre 2021, alors que la France avait déjà atteint 75%, soit 3/4, de sa population entièrement vaccinée, curieusement, la pandémie de COVID-19 repartait toujours à la hausse. Alors, à la question de la journaliste Apolline de savoir si c'était inquiétant, le docteur Martin Blachier, donc un scientifique, avait répondu que ça ne l'inquiète pas plus que ça. 《on va avoir un **petit rebond** épidémique qui va être, **selon nous** , au maximum un tiers (1/3), voir un quart (1/4) de ce qu'on avait précédemment》 avait-il affirmé. Rappelons qu'un quart signifie le nombre précédent **divisé** par 4. En d'autres termes, il devait avoir la division.

Vous avez donc parfaitement compris : alors que trois quart (3/4) soit 75% de la population en France avait déjà reçu les deux doses de vaccin, était alors entièrement vacciné comme les scientifiques avaient prédit, ces mêmes scientifiques avaient encore prédit que le nombre de nouvelles contaminations allait être d'un quart, 1/4, soit 25% des vagues précédentes, et je rappelle que c'était le 29 octobre 2021. Car, seulement deux mois plus tard, plus précisément le 25 décembre de la même année 2021, la chaîne France 24 avait titré:

<u>COVID-19 : la France franchit les 100 000 nouveaux cas quotidiens, **un record depuis mars 2020.**</u> Faut-il rappeler qu'en mars 2020, le COVID-19 était encore au début et que les vaccins n'existaient pas encore, donc personne n'était vacciné, soit 0% de taux de vaccination ? Le nombre de nouveaux cas avec 75% de la population entièrement vaccinée était donc supérieur au nombre de cas lorsque 0% de la population était vaccinée. Sachant surtout que les scientifiques avaient prédit que le nombre de nouvelles contaminations allait être de 1/4 de vagues précédentes : est-ce que ce n'était pas assez curieux pour attirer l'attention ?

Et ce n'est pas tout! Un mois plus tard, précisément le 25 janvier 2022, la même chaîne France 24 avait encore titré : <u>URGENT-COVID19: la France dépasse les 500 000 contaminations en 24 heures, un record.</u> Avec 100 000, on avait déjà parlé de record, mais voici que ce record a été **multiplié** par 5, pourtant plus de 75% , soit 3/4, de la population avait déjà été entièrement vaccinée, et que les scientifiques avaient prédit 1/4 nouvelles contaminations. A-t-on encore besoin de comparer l'écart entre ces un tiers dont les scientifiques avaient prédit, et les 500 000 nouvelles contaminations qu'il y avait effectivement eu? Vos scientifiques avaient donc prédit qu'il devait avoir la **division** par rapport aux vagues précédentes,   mais il y a plutôt eu la

multiplication, qui est l'opposé, le contraire de la division.

6) L'échec de l'immunité collective prédite par les scientifiques.

Lorsque le COVID-19 avait commencé, il y a eu une course contre la montre, des plus grands laboratoires du monde, à la recherche de son vaccin, puisque les scientifiques expliquaient que le vaccins va permettre d'atteindre l'immunité collective, diminuant ainsi le nombre de contaminations et de mort considérablement. Vers la fin de l'année 2020, les médias avaient annoncé que le vaccin a enfin été trouvé. Mais le **02 décembre 2020**, alors que la vaccination n'avait pas encore commencé, le taux de vaccination était donc de 0%, j'avais écrit ceci sur ma page Facebook:

《Le vaccin contre le corona virus n'aura pas d'effet sur la pandémie : le COVID-19 va continuer son chemin. Tout vaccin connaîtra un échec. Enregistrez cette publication.》

J'avais associé ma photo à cette publication, tout en y écrivant **ISAÏE 44:26** (où Dieu dit qu'il confirme la parole de son serviteur). Puis le **13 janvier 2021,** j'avais insisté en faisant cette deuxième publication :

《Puisque vous comparez déjà Dieu et la science, au point même de la placer au dessus de Dieu, alors si vos vaccins (œuvres de cette science) réussissent à mettre fin à la pandémie du COVID-19, vous changez mon nom.》

À cette publication, j'avais associé une image montrant des petits enfants Blancs et de petits asiatiques dans des laboratoires scientifiques, tandis qu'un petit enfant Noir est en train de prêcher avec un micro. Lorsque je dis qu'il faudra changer mon nom si les vaccins réussissent à mettre fin au COVID-19, cela voudrait purement et simplement dire que les vaccins n'ont absolument aucune chance d'atteindre leur objectif. Alors, chaque pays avait lancé sa campagne de vaccination, et compte tenu de sa très faible population, moins de 100 000 habitants, les Seychelles faisaient partie des premiers pays à atteindre un taux de vaccination élevé. Ainsi donc, le 02 mars 2021, exactement 3 mois après ma première prédiction sur l'échec des vaccins, la chaîne de télévision Africanews avait publié un reportage sur sa chaîne YouTube, avec pour titre: 《COVID-19: les Seychelles en passe d'atteindre l'immunité collective.》 Et dans la description de la vidéo, l'on peut lire: 《Les Seychelles ont déclaré qu'elles espéraient atteindre une "immunité collective" contre le corona virus d'ici la mi-mars.》 On comprend donc clairement que l'objectif principal qui était recherché par la vaccination était l'immunité collective. Rappelons qu'avant que les autorités seychelloises ne prédisent l'immunité collective grâce à la vaccination, j'avais déjà prédit l'échec des vaccins 3 mois auparavant. Alors, entre ma prédiction et celle de ces autorités, laquelle allait-elle se réaliser? Je pense que tout le monde a déjà la réponse aujourd'hui. Mais, prenons les faits indéniables. Le 06 mai 2020, c'est-à-dire 5 mois après ma prédiction de l'échec des vaccins et 2 mois après la prédiction de l'immunité collective par les autorités des Seychelles, la chaîne française BFM TV avait publié sur YouTube une vidéo où il est écrit :

《Seychelles: **malgré la vaccination,** l'épidémie repart à la hausse.》 Pourquoi est-ce que cette chaîne avait-elle précisé :"malgré la vaccination "? Le titre de la vidéo est : 《COVID-19 : aux Seychelles, l'épidémie repart à la hausse alors que 60% de la population est vaccinée.》 Vous comprenez donc que le taux de vaccination était bel et bien élevé avant que le COVID-19 ne reparte à la hausse, et que ni les scientifiques, ni les autorités seychelloises, ni les médias ne s'attendaient à une telle situation, avec un taux de vaccination élevé. Mais alors, pouvez-vous dire que moi aussi j'en étais surpris, que je ne m'y attendais pas aussi, sachant que j'avais clairement prédit cela? Dans un autre reportage de la même chaîne BFM concernant cette hausse malgré la vaccination au Seychelles, une journaliste avait affirmé que pour comprendre ce qui se passe, il faut s'interroger sur le type de vaccin utilisé aux Seychelles, notamment le vaccin Sinopharm. Je précise qu'avec le faible effectif de sa population, les Seychelles faisaient partie des premiers pays à atteindre très vite un taux de vaccination élevé, alors le taux de vaccination était encore très bas dans les autres pays du monde. En disant donc que c'est à cause du vaccin Sinopharm que le COVID-19 était reparti à la hausse malgré un taux de vaccination élevé, la chaîne BFM croyait donc que la situation allait être différente dans les autres pays ayant utilisés des vaccins différents. Mais aujourd'hui, tout le monde sait qu'aucun pays n'avait réussi à atteindre cette fameuse immunité collective, malgré la pléthore de laboratoires et de vaccins. D'ailleurs lors d'une émission de la chaîne RT France, le journaliste avait posé la question suivante : 《l'épidémie de COVID-19 repart de plus belle en Europe, avec les mesures de restrictions qui reviennent en France malgré un taux de vaccination élevé, qu'est-ce qui se passe?》

En analysant cette question, on voit qu'il parle d'abord de l'Europe, qui est un continent, c'est-à-dire un ensemble de pays différents, ayant donc utilisés des vaccins différents. Il précise aussi que le taux de vaccination est élevé, autrement dit, si ce taux étais bas, il ne serait pas surpris de voir le COVID-19 repartir à la hausse. Alors, la chaîne BFM ne devrait-elle pas faire son méa culpa en reconnaissant qu'elle s'était trompée en déclarant que c'était à cause du type de vaccin utilisé aux Seychelles que le COVID-19 y était reparti à la hausse ? D'ailleurs, dans la suite de la vidéo de RT France, le chroniqueur répond en disant qu'il aimerait lui-aussi comprendre, et il pense qu'il n'est pas le seul à vouloir comprendre. Il précise qu'ils ont observé toutes les précautions recommandées par les scientifiques à travers les dirigeants, mais le COVID-19 est toujours reparti à la hausse (Esaïe 47:9). Il reconnaît ouvertement que les vaccins ont échoué, en précisant que : « d'ailleurs, même Bill Gate le dit, il doit peut-être falloir trouver d'autres produits parce que là, ça ne marche pas comme on l'espérait.» C'est donc très clair: les vaccins ont échoué. Ce n'est pas moi qui le dit. Ne devrait-on donc pas reconnaître que ma prédiction s'était réalisée ? Ceux qui voulaient effectivement comprendre ce qui se passe ne devraient-ils pas aussi s'interroger sur mes prédictions ?

Une chose importante qui devrait retenir notre attention dans cette vidéo de RT France c'est que , tout comme la journaliste de BFM qui avait accusé le type de vaccin utilisé aux Seychelles, ce chroniqueur quant à lui a beaucoup accusé les dirigeants, en dénonçant ce que l'on pourrait qualifier d'incompétence. D'ailleurs, lorsqu'on lisait les commentaires des internautes concernant le COVID-19, on comprenait clairement qu'ils pointaient un doigt accusateur vers leurs dirigeants. Mais alors, était-ce vraiment la faute de ces dirigeants ? Était-ce vraiment un problème d'incompétence de dirigeants politiques ou des scientifiques ? C'est vrai que depuis plus de deux ans, on n'entend presque plus parler du COVID-19. Mais alors, est-ce grâce aux vaccins ? Si oui, que dire des pays où le taux de vaccination est inférieur à 10%, mais où on n'y parle plus aussi du COVID-19 comme on y en parlait en 2020?

Quelles leçons peux-tu tirer de ces 6 exemples cités, et quelles leçons peux-tu tirer de manière générale ?

Dans le livre du prophète Ezéchiel, au chapitre 14 verset 21, Dieu lui-même dit clairement qu'il a infligé à Jérusalem ses quatre fléaux, parmi lesquels la peste. Or tout comme le COVID-19, la peste est aussi une maladie avant tout. Alors si l'on s'en tient à ce passage biblique, Dieu peut bien infliger des maladies, alors il peut infliger le COVID-19 ! Dans le livre du prophète Esaïe, au chapitre 47, verset 9, c'est encore Dieu lui-même qui parle, en disant à Babylone (une grande puissance, mais impie) que les malheurs vont la frapper, malgré les précautions. Le plus important ici c'est cette précision de Dieu lorsqu'il dit "malgré les précautions "? Cela nous permet de comprendre que Dieu n'est pas en train de prévenir Babylone contre des malheurs qui arrivent afin qu'elle prenne des précautions pour les éviter. Ces malheurs ne vont donc pas frapper Babylone à cause du manque de précautions, ou à cause de la qualité et la quantité de ses précautions. Mais Dieu est en train de faire comprendre que quelques soient la qualité et la quantité des précautions de Babylone, elle sera toujours frappée par ces malheurs, alors ils sont inévitables, c'est une fatalité. On peut donc comprendre à travers ce passage que c'est Dieu lui-même qui sera à l'origine du malheur de Babylone, alors la solution n'est pas de prendre des précautions. Or, en observant ces exemples sur le COVID-19, on voit bien que la pandémie avait toujours continué malgré toutes les précautions : confinement, gestes barrière, masque, vaccins etc. Ces exemples du COVID-19 ne te font-ils pas penser à Esaïe 47:9 ? N'est-ce pas exactement la même chose, sinon, à quel niveau se situe la différence selon toi? Et ce n'est pas tout, passons à Esaïe 44:25-26, surtout ce verset 25.

《**Maintenant je réduis à rien les prédictions** des devins, **je fais perdre la raison à ceux qui annoncent l'avenir,** je force les sages à reculer, je démontre à quel point leur savoir est stupide.》

Dans ce verset, remplace "devin"; "ceux qui annoncent l'avenir "; et "sages" par scientifiques, et le texte devient : " Maintenant, je réduis à rien les prédictions des scientifiques, je fais perdre la raison aux scientifiques qui annoncent l'avenir, je les force à reculer et je démontre à quel point leur savoir est stupide." Que signifient "réduire à rien" (les prédictions) et "faire perdre la raison" (à ceux qui annoncent l'avenir)?

Fais maintenant une comparaison avec les exemples sur le COVID-19. Les grands scientifiques de l'OMS avaient prédit le pire en Afrique mais, la situation en Afrique n'a pas été ni plus grave, ni égale à celle des autres continents. Bien au contraire, et contre toute attente, c'est plutôt celle d'un pays développé comme l'Italie qui a été vingt fois plus grave que celle de l'Afrique, selon les médias. On voit donc que la prédiction de ces scientifiques de l'OMS avait été réduite à rien, qu'ils avaient perdu la raison et avaient l'air stupides. C'est exactement la même chose avec les dirigeants britanniques et leurs scientifiques lorsqu'ils avaient prédit le double du nombre de nouvelles contaminations, mais qu'il y avait plutôt eu le contraire, c'est-à-dire la moitié. C'est aussi la même chose avec les scientifiques en France lorsque, avec 75% du taux de vaccination, ils avaient prédit que le nombre de nouvelles contaminations allait être divisé par quatre par rapport aux vagues précédentes, mais non seulement ce nombre avait atteint le record, mais aussi ce record avait été multiplié par cinq. On voit à travers ces 6 exemples que c'est exactement ce que Dieu a dit dans Esaïe 44:25 qui s'était réalisé avec le COVID-19 : les prédictions des scientifiques étaient réduites à rien, ils perdaient la raison (puisqu'ils ne comprenaient pas ce qui se passe), leur science avait donc l'air stupide: ces scientifiques divaguaient, ils déliraient.

Est-il encore nécessaire de rappeler que c'est le 29 mai 2020 que j'avais recommandé la méditation des 16 chapitres d'Esaïe 40 à 55, dans une vidéo intitulée "COVID-19 : SIGNE DIVIN OU PANDÉMIE NATURELLE ?" , et que tous ces évènements du COVID-19 qui sont identiques avec Esaïe 44 et Esaïe 47 se sont réalisés longtemps après ma recommandation, et aussi que Esaïe 44 et Esaïe 47 se trouvent dans cet intervalle Esaïe 40 à 55? Si je n'avais pas demandé à l'avance de méditer ces 16 chapitres, ce serait différent. Il faut noter que le livre du prophète Esaïe contient jusqu'à 66 chapitres, mais je n'ai recommandé que 16 en laissant 50, soit moins de 25% du livre d'Esaïe. La Bible quant à elle contient 73 livres et 1326 chapitres. 16 chapitres sur 1326 c'est moins de 2%. Et sur 73 livres de la Bible, je n'en ai choisi qu'un seul, sans toutefois recommander tout le livre, mais seulement 16 chapitres.

Sommairement, nous avons vu qu'il existe de nombreux passages bibliques où Dieu lui-même inflige des malheurs et même la destruction, ou encore, qu'il les permet, lorsque l'impiété augmente dans la nation. Personne ne peut mettre fin au malheurs venant ou permis par Dieu, car leur finalité c'est la conversion de cette nation. Nous savons que l'Occident est impie, alors si l'on s'en tient à la Bible, il mérite le châtiment de Dieu. Et nous avons justement vu que, malgré son très haut niveau scientifique, la pandémie l'avait frappé, en épargnant l'Afrique qui est scientifiquement en retard. Est-ce un pur hasard ? Nous avons vu à quel point les plus grands scientifiques du monde étaient impuissants, et ils divaguaient face à cette pandémie, qui n'a cessé de les habituer aux surprises et aux miracles (les surprises et les miracles relèvent de la spiritualité et non pas de la science). Tandis que vos scientifiques déliraient, nous avons vu que mes prédictions sur cette pandémie , faites sous un angle spirituel, se réalisaient. Ce qui signifie que la pandémie se passait exactement comme je l'avais déjà dit longtemps à l'avance. Après avoir malmené les scientifiques, tout en se réalisant selon mes prédictions, nous avons vu que, d'après les résultats de l'enquête de la conférence des évêques de France, cette pandémie a engendré une forte croissance des conversions dans ce pays impie. En gros, pendant la pandémie du corona virus, tandis que les prédictions des scientifiques échouaient lamentablement, les miennes se réalisaient. C'est largement suffisant pour susciter des interrogations. En plus de ces prédictions sur le COVID-19 proprement dit, j'avais aussi prédit que cette pandémie allait donner naissance à un réveil religieux, est les résultats de l'enquête de la CEF l'ont confirmé une fois de plus: tout cela ne te dit rien? Penses-tu toujours que cette pandémie était aussi simple que ça ?

Notre civilisation a abandonné Dieu en comptant uniquement sur la science, tout le monde a le regard tourné uniquement vers la science. Au siècle des lumières, les philosophes préconisaient l'abandon du savoir religieux pour se consacrer uniquement à la science qui, selon eux, est la seule source fiable de connaissance. La science devenait ainsi une idole. Or, la Bible nous fait savoir que Dieu a horreur de l'idolâtrie, alors il confond ou défie les idolâtres. À travers une multitude d'exemple sur le COVID-19, nous avons vu à quel point le savoir scientifique avait des limites, tandis que le savoir religieux se réalisait. Pourtant les philosophes des lumières ou les scientistes prétendent que la science est l'unique source de savoir. Au regard de ces multiples délires des scientifiques, et de mes multiples prédictions qui se sont réalisées face au COVID-19, penses-tu toujours que la science soit l'unique solution aux problèmes du monde?

PARTIE II: LA FIN DE L'HÉGÉMONIE DE L'OCCIDENT : Esaïe 47

Ce titre n'est pas fantaisiste, encore moins un hasard, d'autant plus que c'est le président français lui-même qui l'avait ouvertement dit dans son discours à la conférence des ambassadeurs du 27 Août 2019. Nous allons reprendre un extrait du dit discours pour en faire le lien avec la spiritualité, afin d'aboutir à cette question : est-ce vraiment à cause des erreurs des dirigeants occidentaux que l'Occident a perdu son hégémonie, comme l'a dit le président français, ou alors c'est plutôt Dieu qui en est l'auteur?

En effet, dans ce discours, Macron reconnaît que l'hégémonie de l'Occident avait commencé depuis le 18ème siècle, 《par **l'inspiration des lumières** 》. Il affirme que 《les choses changent. Et elles sont profondément bousculées par **les erreurs des occidentaux**》 . Après un bref résumé sur cette perte de l'hégémonie de l'Occident, et le grand changement dans l'ordre international, le président français continue en disant que 《 tout ça doit nous poser des questions profondes. 》

Oui, il faut se poser des questions profondes. Mais alors, faut-il limiter les domaines dans lesquels il faut se poser ces questions ? Faut-il rejeter des propositions de questionnements, quelques soient leur pertinence, tout simplement parce qu'elles sont basées sur la religion? Ce livre en soi est déjà un questionnement profond sur cette perte de l'hégémonie de l'Occident et sa probable ruine économique. Nous avons déjà dit qu'avant ce discours du président français Emmanuel Macron, j'avais déjà fait des publications, le 12 et le 14 juillet 2019, dans lesquelles je prédisais un grand changement dans le monde entier, en mentionnant Esaïe 42 et Jérémie 1:8-10. Nous allons voir qu'il existe des liens étroits entre ces prédictions, notamment Esaïe 42 et Jérémie 1:8 à 10, et ce discours du président français, en ce qui concerne ce changement dans l'ordre international et ce 18ème siècle des lumières dont il avait parlé. Au fait, le président français ne me connaît pas, il n'avait donc pas discuté avec moi avant de faire son discours et il ne s'était pas non plus appuyé sur mes prédictions pour faire ce discours. De même, je n'ai pas attendu ce discours du président français avant de faire ces prédictions. Si donc il peut exister des liens étroits entre ce que j'avais déjà dit et ce que Macron avait dit après, alors cela ne mérite-t-il pas des interrogations ?

Nous avons vu dans la première partie qu'il y a une forte croissance des conversions en France, grâce à un malheur (COVID-19) dont tout le monde, surtout les scientifiques, les médias et les dirigeants politiques s'étaient fortement mobilisés pour combattre, en vain. Nous avons aussi vu que d'après la Bible, Dieu est capable d'être l'auteur d'un tel malheur, tout comme il est aussi capable d'être à l'origine des malheurs qui touchent l'économie. Ceci nous amène donc à nous poser des questions comme le président Macron a dit, en analysant scrupuleusement cette perte de l'hégémonie historique de l'Occident.

I- DISCOURS DU PRÉSIDENT FRANÇAIS EMMANUEL MACRON

《 L'ordre international est bousculé de manière inédite. Mais surtout avec, si je peux le dire, un grand bouleversement qui se fait, sans doute pour la première fois de notre histoire, à peu près dans tous les domaines, avec une magnitude profondément historique. C'est d'abord une transformation, une recomposition géopolitique et stratégique.

Nous sommes sans doute en train de vivre la fin de l'hégémonie occidentale sur le monde. Nous nous étions habitués à un ordre international qui, depuis le 18ème siècle, reposait sur une hégémonie occidentale. Vraisemblablement française au **18ème siècle par l'inspiration des lumières**, sans doute britannique au 19ème grâce à la révolution industrielle, et raisonnablement américaine au 20ème, grâces aux deux grands conflits et à la domination économique et politique de cette puissance. Les choses changent. Et elles sont profondément bousculées par **les erreurs des occidentaux** dans certaines crises, par les choix aussi américains de plusieurs années. Et puis, c'est aussi l'émergence de nouvelles puissances dont nous avons sans doute longtemps sous-estimé l'impact. La Chine au premier rang, mais également la stratégie russe menée, faut bien le dire, depuis quelques années avec plus de succès; l''Inde qui émerge. Ces nouvelles économies qui deviennent aussi des puissances, pas seulement économiques, mais politique, et qui se pensent , comme certains ont bien pu l'écrire, comme de véritables États civilisations. Et qui viennent non seulement bousculer notre ordre international, qui viennent peser dans l'ordre économique, mais qui viennent repenser l'ordre politique et l'imaginaire politique qui va avec. **Tout ça doit nous poser des questions profondes**. D'abord nous faire constater que les habitudes, les dogmes qui étaient les nôtres ne sont plus valables. 》

Extrait du discours du président français Emmanuel Macron lors de la conférence des ambassadeurs du 27 Août 2019.

Ce discours avait été prononcé par le président de la République de France lui-même en personne. Ce ne sont donc pas les affirmations d'une personne lambda, d'où la nécessité de prendre ses affirmations très au sérieux. Le président se réjouit-il, ou, est-il indifférent face à cette perte de l'hégémonie ?

II- LES LIENS ENTRE CE DISCOURS DE MACRON ET LA SPIRITUALITÉ

Le président français Emmanuel Macron a attribué la perte de l'hégémonie de l'Occident aux erreurs des dirigeants. Certes, il s'agit des erreurs, mais il ne s'agit pas des erreurs scientifiques évitables tel qu'il pense, et il ne s'agit pas non plus des erreurs des dirigeants uniquement. En montrant des liens très étroits entre certaines affirmations de ce discours et la spiritualité, chacun sera libre d'en tirer ses propres leçons.

LA DATE DU DISCOURS

Nous avons dit que ce livre est basé sur des prédictions, alors l'ordre chronologique des événements est très nécessaire, d'où l'importance des dates. La conférence des ambassadeurs durant laquelle le président français avait prononcé ce discours avait eue lieu le 27 août 2019. Or le mois d'avant, plus précisément le 12 juillet 2019, j'avais fait une publication prédisant que Dieu allait désormais agir plus que part le passé dans le monde entier: un grand changement mondial. Sur cette publication, j'avais mentionné Esaïe 42. Puis seulement deux jours plus tard, notamment le 14 juillet de la même année, j'avais fait une autre publication insistant sur ce changement dans le monde. Dans cette publication, j'avais commencé par Jérémie chapitre un, versets huit à dix (Jérémie 1:8-10) où Dieu demande au prophète Jérémie de ne pas avoir peur de ceux vers qui il l'envoie, en lui disant que c'est lui qui prononcera les paroles de Dieu car il lui a donné autorité sur toute la Terre pour faire avancer l'histoire.

Le président Macron ne me connaît pas, alors il ne m'avait pas consulté avant de prononcer ce discours. Cependant, nous allons voir beaucoup de liens entre son discours et ce que j'avais déjà prédit à l'avance dans ces publications. On peut déjà noter que j'avais prédit un grand changement dans le monde, or en disant que l'ordre mondial est bousculé, Macron est en train de dire aussi qu'il y a un grand changement dans le monde. Alors nous parlons tous deux du changement dans le monde.

La fin de l'hégémonie

Le président français a affirmé que nous sommes en train de vivre la fin de l'hégémonie occidentale sur le monde. Nous avons vu que l'Occident est Babylone puisque, en commentaire d'Esaïe 47, la Bible des peuples nous fait savoir qu'il s'agit d'une lamentation sur Babylone dont le nom s'applique à toute cité impie. Nous savons aussi que l'Occident est impie, alors l'Occident est Babylone. Nous avons vu que j'avais cité Jérémie dans ma prédiction avant le discours de Macron. Dans Jérémie chapitre 27, versets 6 et 7, Dieu dit : 《maintenant je livres tous ces pays entre les mains de Nabucadnetsar, roi de Babylone [...] Toutes les nations lui seront soumises...》 . Qu'est-ce que cela veut-il dire? Ça signifie simplement que, comme l'Occident, Babylone aussi avait une hégémonie. J'avais aussi mentionné Esaïe 42 dans l'une de ces prédictions, et Esaïe 42 fait partie d'Esaïe 40 à 55 dont j'avais demandé de méditer en 2020. Dans Esaïe 47 qui parle de 《l'abaissement de Babylone 》 et qui fait partie de cet intervalle, Dieu dit aux versets 1 et 5 : 《Babylone, reconnais ta déchéance et assieds-toi dans la poussière. Oui, assieds-toi par terre , car tu n'es plus la reine, **tu as perdu tes titres** [...] Assieds-toi en silence, Babylone, cache-toi dans l'obscurité, **car tu as perdu ton titre de "maîtresse des empires".**》

Nous avons vu qu'à cause de l'impiété grandissante qui y règne, l'Occident est aussi Babylone. Nous avons aussi vu dans Jérémie 27 que Babylone avait une hégémonie, tout comme l'Occident. Maintenant, voici que dans Esaïe 47, Dieu fait comprendre à Babylone qu'elle a perdu son hégémonie, et le président français a aussi affirmé que l'Occident a aussi perdu son hégémonie, tout comme Babylone. Toujours dans Esaïe 47, Dieu dit à Babylone qu'elle sera frappée par des malheurs dont elle sera incapable d'empêcher malgré ses précautions, et nous avons vu que le malheur du COVID-19 avait frappé les pays développés, y compris l'Occident. Ne vois-tu pas qu'il y a eu trop de coïncidences entre Babylone de la Bible et l'Occident, Babylone d'aujourd'hui ? On retient tout simplement que Macron a parlé de la perte de l'hégémonie de l'Occident, or avant son discours j'avais déjà fait des prédictions en mentionnant Jérémie et Esaïe, et leurs exploitations permet de voir que Babylone de la Bible avait aussi perdu son hégémonie.

Liens entre ce discours du président et Esaïe 42

Nous avons vu qu'avant ce discours du président français, j'avais déjà fait des publications prédisant des changements dans le monde et dans l'une des ces prédictions, j'avais mentionné Esaïe chapitre 42.

Dieu commence dans ce chapitre par présenter son serviteur. La Bible de Jérusalem nous dit que ce serviteur est prédestiné à enseigner le monde entier, avec discrétion et fermeté, malgré les oppositions. Que celui qui peut comprendre comprenne. Quant à la Bible des peuples, elle nous dit que ce serviteur doit enseigner « l'ordre nouveau voulu par Dieu. » Ce point devrait nous intéresser. En effet, on parle de plus en plus du nouvel ordre mondial comme un projet de la secte pernicieuse des illuminattis, qui veulent pervertir le monde en y instaurant la volonté de Satan. Le président français avait aussi parlé de leur ordre international. Alors on peut voir qu'il y a l'ordre mondial selon les occidentaux et le nouvel ordre mondial de la secte des franc maçons. Mais, ici dans Esaïe 42, on nous parle encore d'un autre nouvel ordre mondial, qui est plutôt voulu par Dieu. Alors cet ordre international qui est bousculé avec une magnitude profondément historique comme l'a dit le président Macron, serait-il l'œuvre de Dieu qui veut instaurer plutôt sa part de nouvel ordre mondial? Si oui, quel est donc ce nouvel ordre mondial voulu par Dieu? Nous n'allons pas répondre à cette question dans ce livre. On retient seulement que Dieu présente son serviteur qui va donner le nouvel ordre mondial voulu par Dieu dans Esaïe 42, et que j'avais déjà cité ce chapitre avant que le président français ne fasse son discours où il reconnaît que l'ordre mondial est bousculé de manière inédite. Passons à autres choses.

Petit rappel: nous avons déjà vu que d'après le commentaire de la Bible des peuples, Esaïe 47 est une lamentation sur Babylone dont le nom s'applique à toute cité impie, comme l'Occident. Cette Bible nous fait surtout savoir que Babylone comptait sur ses magiciens célèbres, et non pas sur Dieu. Ces magiciens étaient donc leurs idoles puisqu'ils remplaçaient Dieu pour eux. Cette bible précise que ce texte vaut tout autant pour notre civilisation matérialiste qui attend tout de la technologie. L'idole de Babylone était donc les magiciens, tandis que celle de notre civilisation c'est la science. Puisque j'avais demandé de méditer Esaïe 40 à 55, nous avons remplacé tout ce qui renvoie aux idoles dans cet intervalle par tout ce qui renvoie à la science et la technologie ou technique. Nous savons que la pandémie du COVID-19 n'était pas encore connu le 12 juillet 2019 lorsque je faisais cette prédiction en mentionnant Esaïe 42. Aux versets 8 et 17, Dieu dit :

《Je suis l'Eternel, c'est là mon nom; et je ne donnerai pas ma gloire à un autre, ni mon honneur aux idoles [...] Ils reculeront, ils seront confus, ceux qui se confient aux idoles taillées, ceux qui disent aux idoles de fonte: vous êtes nos dieux!》

En remplaçant donc idoles par science, Dieu disait alors qu'il n'allait pas donner son honneur à la science, ou aux scientifiques (verset 8) et que ceux qui se confient à cette science ou aux scientifiques allaient reculer et être confus (verset 17): nous avons vu que c'est exactement ce qui s'est passé avec le COVID-19, pourtant cette pandémie n'existait pas au moment où je faisais cette publication. Ce n'était qu'une parenthèse sur le corona virus, revenons sur le discours du président français. 《Babylone semble vouloir s'égaler à Dieu, alors elle sera châtie de son orgueil. 》 Voilà l'un des commentaires de la Bible de Jérusalem concernant Esaïe 47.

Emmanuel Macron a dit que 《Nous nous étions habitués à un ordre international qui depuis le 18ème siècle reposait sur une hégémonie occidentale.

Vraisemblablement française au 18ème siècle par l'inspiration des lumières, sans doute britannique au 19ème grâce à la révolution industrielle...》 Nous savons que la religion était au centre de la civilisation occidentale avant le 18ème siècle, encore appelé le siècle des lumières, à cause de ceux dont on appelle les philosophes des lumières. Le combat contre la religion était l'un des piliers de cette philosophie dite des lumières. Alors depuis ce fameux 18ème siècle et cette philosophie des lumières dont a parlé le président français, la religion avait commencé à décroître en Occident jusqu'à nos jours où, finalement le pourcentage de ceux qui ne croient pas en Dieu est devenu plus élevé que celui des croyants dans des pays occidentaux, comme la France. Alors, avant ce 18ème siècle qui marquait le début de l'hégémonie occidentale comme l'a dit Macron, la religion était au centre de la vie en Occident. Mais elle a été farouchement combattue à partir de ce 18ème siècle par cette philosophie des lumières dont a mentionné le président français: cette philosophie des lumières et ce 18ème siècle marquaient ainsi le début de la croissance de l'impiété en Occident. Or, nous avons déjà vu plus haut que dans la Bible, il existe une triple relation : l'impiété entraîne la colère et donc le châtiment de Dieu, et ce châtiment entraîne à son tour la conversion des impies. Bref, nous avons vu que Dieu est contre l'impiété, or la philosophie des lumières faisait la promotion de cette impiété en combattant contre la religion, ou contre Dieu. La religion, ou Dieu, était donc l'ennemie de cette philosophie des lumières dont a parlé Macron le 27 août 2019. Maintenant, lorsque vous prenez Esaïe 42 dont j'avais déjà fait mention avant ce discours, en plus des versets 8 et 17 qui ont déjà été commentés, les versets 13; 14 et 15 sont extrêmement importants. Il y est écrit :

《13.Comme un soldat d'élite le Seigneur s'avance; comme un homme de guerre il brûle de combattre. Il lance un puissant cri de guerre, **un défi à ses ennemis.**

14.**Depuis longtemps, je me suis tu, me retenant d'interveni**r, dit le Seigneur. **Mais maintenant, je vais crier** comme une femme au moment d'accoucher, qui s'essouffle et respire avec peine.

15.Je vais nettoyer montagne et colline, dessécher toute leur végétation, changer les fleuves en terre ferme et assécher les étangs.》 La Bible en français courant.

Dans la Bible de Jérusalem, il est écrit au verset 13 que Dieu 《manifeste sa force contre ses ennemis 》 , mais la version de Bible en français courant me plaît un peu plus car elle parle de " défi", étant donné que nous avons vu avec le COVID-19 qu'il s'agissait d'un véritable défi de Dieu contre la science, c'est la raison pour laquelle les scientifiques déliraient toujours. Cependant le plus important c'est de noter que Dieu annonce qu'il part en guerre contre ses ennemis, car nous avons vu que la philosophie des lumières considérait Dieu comme un ennemi, alors elle fait partie de ces ennemis dont Dieu parle dans Esaïe 42:13. Macron a dit que c'est depuis plusieurs siècles, notamment depuis le 18ème siècle, siècle des lumières, que l'hégémonie de l'Occident avait commencé et nous avons vu que c'est exactement depuis cette période que Dieu était considéré comme ennemi. Nous avons déjà vu que cela entraîne la colère de Dieu. C'est donc depuis ce 18ème siècle que Dieu était en colère, mais il se retenait, alors l'humanité a pris son silence pour une faiblesse, en croyant que Dieu est indifférent face à cette montée en puissance de l'impiété. Puisque c'est depuis plusieurs siècles, on peut donc comprendre le verdet 14 où Dieu affirme qu'il a longtemps gardé le silence, se retenant d'intervenir, mais que, maintenant, il va crier.

Rappelons-nous de la chronique de Charlotte d'Ornella sur la hausse des conversions grâce aux malheurs. Elle a aussi parlé de 《l'échec de la technique, qui devait prendre la place de la religion.》 Or, nous avons vu que c'est depuis le 18ème siècle que les philosophes des lumières dont a parlé le président français, voulaient que la science prenne cette place de la religion dont parle Charlotte d'Ornella.

Nous avons aussi vu qu'avant ce discours de Macron où il a parlé de cette philosophie des lumières, ennemie de Dieu, j'avais déjà fait une prédiction sur le changement dans le monde en citant Esaïe 42 où Dieu dit qu'il a longtemps gardé le silence, mais maintenant il s'en va en guerre contre ses ennemis. Enfin, nous avons aussi vu qu'après ma prédiction , il y a eu la pandémie du COVID-19 au cours de laquelle les scientifiques, qui voulaient prendre la place de Dieu, ont été défiés. On voit donc une cohérence entre quatre événements : d'abord je prédis un grand changement mondial en citant Esaïe 42 où Dieu promet de mettre fin à son silence pour faire la guerre à ses ennemis. Ensuite le président français, Emmanuel Macron, fait un discours où il affirme qu'il y a un grand changement dans l'ordre du monde, en annonçant la fin d'une hégémonie qui date du 18ème siècle où les scientifiques (philosophes des lumières) voulant prendre la place de Dieu, avaient déclaré la guerre à Dieu en le prenant comme un ennemi (le recul de l'esprit religieux au profit de la croyance à la toute puissance de la science). Après le discours du président français, il y a eu la pandémie du COVID-19 aucours de laquelle les scientifiques qui se prenaient pour les ennemis de Dieu depuis le siècle des lumières ont été confondus, ils ont montré leurs limites, comme s'ils étaient défiés par une force supérieure à eux. Enfin, on nous annonce la hausse des conversions suite à l'échec de ces scientifiques qui voulaient prendre la place de Dieu. Tous ces évènements ont donc en commun la victoire de Dieu sur science qui voulait prendre sa place depuis le 18ème siècle. Et cela nous rappelle aussi la triple relation entre l'impiété qui entraîne les malheurs ou châtiments divins (face auxquelles la science est impuissante), et ces malheurs entraînent à leur tour la conversion.

ESAÏE 42 verset 15

Pour ce livre qui parle de la décadence de l'Occident, j'aimerais qu'on accorde une attention particulière à ce verset, qui est contenu dans le chapitre 42 dont j'avais mentionné dans ma prédiction avant le discours du président Macron, et donc avant la pandémie du COVID-19 aussi. Nous avons déjà vu que les philosophes des lumières, dont avait parlé le président, avaient pris la religion ou Dieu comme ennemi de la science. Nous avons vu que dans ce Esaïe 42, Dieu a dit qu'il a longtemps gardé le silence mais maintenant, il va en guerre contre ses ennemis pour les défier. Et nous avons vu que les scientifiques étaient effectivement défiés pendant le COVID-19, exactement comme Dieu l'a dit dans ce chapitre que j'avais mentionné longtemps avant cette pandémie.

Puisque les versets 8; 13; 14 et 17 se déjà réalisés, alors ce que Dieu dit dans le verset 15 va aussi se réaliser si rien n'est fait. En effet, Dieu dit qu'il va dessécher toute la végétation, changer les fleuves en terre ferme, c'est-à-dire, assécher les fleuves, et mettre les étangs à sec. Nous savons que c'est grâce à la végétation que l'on a de la nourriture à manger. Alors la dessécher c'est causer la famine. C'est aussi grâce à l'eau que les êtres humains, les animaux et les plantes ont à boire, alors assécher les fleuves et mettre à sec les étangs veut dire qu'ils seront privés d'eau. S'ils sont privés d'eau, alors les humains n'auront pas à boire. Ceci me rappelle particulièrement la sécheresse qui avait entraîné le manque d'eau historique dans des pays comme la France et l'Espagne. Était-ce le fruit de réchauffement climatique comme on l'avait dit, ou c'est cette parole divine qui se réalise ? Car la coïncidence de ce manque d'eau historique dans ces pays et ces prédictions me pousse à m'interroger. Qu'à cela ne tienne, nous devons tout simplement retenir de ce verset 15 que Dieu dit qu'il va appauvrir des riches. Un fleuve et un étangs n'ont pas de valeur sans eau, tout comme les pays développés n'ont pas de valeurs sans leurs pouvoirs économiques. Alors assécher le fleuve signifie ruiné le riche. Si donc les peuples des grandes puissances économiques continuent avec l'impiété,

Dieu va ruiner leurs pays respectifs, et ils continueront à accuser à tort leurs dirigeants.

Je n'en dirai pas plus pour le moment, car mon rôle n'est pas de convaincre qui que ce soit, mais juste de passer le message. Lorsque le temps fera le reste, il faudra tout simplement se rappeler de mes prédictions. Autant j'avais prédit le réveil religieux en Occident après la pandémie du corona virus sans que l'on me croit, et la CEF est aujourd'hui surprise face à ce réveil, autant je prédis maintenant la décadence, et nul n'est aussi obligé de me croire à l'instant. Si les grandes puissances économiques, mais impies, ne prêtent pas une oreille attentive à ce que je dis et qu'elles ne connaissent pas cette décadence, vous changez mon nom.

Alors s'il n'y a pas une prise de conscience collective et massive, les malheurs vont continuer jusqu'au jour où il y aura cette prise de conscience de gré ou de force.

Liens entre l'occident et Esaïe 47

Nous avons vu que le président français avait parlé des lumières, qui renvoient aux philosophes des lumières du 18ème siècle, et que l'un de leurs principaux combats était de remplacer Dieu (la religion) par la science. Nous allons voir son rapport avec Esaïe 47.

Esaïe 47 est intitulé 《l'abaissement de Babylone 》 dans certaines versions de Bible, et 《Babylone est détruite》 dans d'autres versions. Quelque soit la version, on retiendra tout simplement qu'Esaïe 47 annonce des jours sombres pour Babylone. Dans l'un de ses commentaires de ce chapitre, la Bible de Jérusalem écrit : 《Babylone semble vouloir s'égaler à Yahvé, elle sera châtiée de son orgueil》 . Quant à la Bible des peuples, elle nous dit que Esaïe 47 est une lamentation sur Babylone dont le nom s'applique à toute cité impie. Nous savons que les occidentaux croient de moins en moins en Dieu, c'est la raison pour laquelle leurs églises sont presque vides, et la grande majorité de ceux qui vont à la messe sont des personnes du troisième âge. Par manque de fidèles, certaines églises ont complètement fermées leurs portes, et ont même été vendues afin de servir à autre chose. Nous pouvons donc dire que l'Occident est impie, alors elle est Babylone. Cette Bible continue en disant que Babylone comptait sur ses magiciens célèbres, et que Esaïe 47 vaut tout autant pour notre civilisation matérialiste qui attend tout de la technologie. Autrement dit, d'après la Bible des peuples, notre civilisation est identique à Babylone, car elle s'est aussi détournée de Dieu, tout en le remplaçant par la technologie, ou la science. On en déduit que les idoles de Babylone de la Bible étaient ses magiciens, tandis que les idoles de Babylone d'aujourd'hui, c'est-à-dire notre civilisation, c'est la science, la technologie ou technique. C'est donc la raison pour laquelle nous avons remplacé le champ lexical de l'idolâtrie dans Esaïe chapitre 40 à 55, par celui de la science, pour comprendre notre contexte. Je n'ai donc pas choisi de manière fantaisiste, ou arbitrairement, de remplacer la science ou les scientifiques partout où la Bible mentionne les idoles dans cet intervalle. Or, en procédant ainsi, on a l'impression que tout ce qui avait été dit dans cet intervalle s'adressait directement à notre civilisation, surtout avec la perte de l'hégémonie de l'Occident, la pandémie de COVID-19 et la hausse des conversions.

Nous voyons donc que l'Occident correspond parfaitement à la description de Babylone par la Bible des peuples, en terme d'impiété, d'abord. Ensuite, en remplaçant les magiciens par les scientifiques, l'Occident correspond aussi parfaitement à Babylone en matière d'idolâtrie. Et ce remplacement de Dieu par la science dont parle cette Bible des peuples correspond parfaitement aussi à la philosophie des lumières dont avait mentionné le président français. Il y a donc un lien indirect entre ce discours du président Macron et ce commentaire, puisque cette philosophie des lumières rejetait Dieu, ou la religion, au profit de la science, exactement comme cette bible nous dit que notre civilisation a rejeté Dieu et ne compte que sur la science. Alors, en lisant le commentaire d'Esaïe 47 de la Bible des peuples, on a l'impression qu'elle parle exactement de l'Occident à tous les niveaux.

Nous avons aussi vu, avec la Bible de Jérusalem, que Dieu a châtiée Babylone car elle a voulu s'égaler à lui, et que les philosophes des lumières du 18ème siècle cherchaient aussi, non pas seulement à s'égaler à Dieu, mais je dirais même qu'ils voulaient se substituer à Dieu, en ignorant son existence ou son influence. Car ils affirmaient que la science seule, c'est-à-dire la raison humaine, peut tout justifier dans le monde, alors le savoir religieux (Dieu) n'a pas de place. Ces philosophes des lumières sont donc semblables à ces babyloniens qui voulaient s'égaler à Dieu. Alors à cause de cette fameuse philosophie des lumières du 18ème siècle, qui marquait le début du remplacement de Dieu par la science, entraînant ainsi le début de la croissance de l'impiété, l'Occident correspond exactement à la description de Babylone aussi bien par la Bible des peuples, que par la bible de Jérusalem.

Passons à Esaïe 47 proprement dit, que dit-il de Babylone ? Nous avons vu à travers Jérémie chapitre 27, versets 6 et 7 que, comme l'Occident, Babylone aussi avait une hégémonie, et que les versets 1 et 5 d'Esaïe 47 disent clairement que Babylone avait aussi perdu son hégémonie comme le président Macron a reconnu que l'Occident a perdu la sienne. Passons à autres choses. Comment résister au charme des versets 9 à 11, où il est écrit :

《 Eh bien, ces deux malheurs fondront sur toi, soudainement, en un seul jour, privation d'enfants et veuvage, tout à coup ils fondront sur toi, en **dépit** de **tous** tes sortilèges, de la **puissance** de tes incantations. Tu as eu confiance dans ta méchanceté, tu as dit :"personne ne me voit." **C'est ta sagesse et ta science qui t'ont pervertie**, tu as dit dans ton cœur :"moi, sans égale." Un malheur fondra sur toi, tu ne sauras t'en préserver ; soudain fondra sur toi une calamité que tu ne connaîtras pas.》

J'ai suffisamment parlé de ce passage dans mon précédent livre, et je n'aime pas revenir sur ce qui y est déjà dit. Cependant, je ne parviens pas à résister à la tentation de revenir particulièrement sur ce passage. Dieu commence par dire à Babylone que deux, c'est-à-dire plusieurs, malheurs vont la frapper, et soudainement. C'est en Août 2019 que le président français avait parlé de la perte de l'hégémonie historique, ci-chère aux occidentaux. C'est la même année 2019 que la pandémie, historique, du corona virus avait commencé, d'où son appellation de COVID-19. C'est aussi pendant cette période de malheurs du COVID-19 qu'un autre malheur historique a commencé en Occident: la guerre russo-ukrainienne, sans compte les autres malheurs à l'instar de l'inflation. Alors, on se rend compte que soudainement, plusieurs malheurs ont frappé le monde presqu'au même moment, et plus particulièrement l'Occident, comme il est écrit dans ce passage biblique. Dieu précise bien que cela arrivera malgré tous les sortilèges de Babylone et la puissance de ses incantations. C'est très important de souligner cela. Dieu n'a pas dit de "ton" (singulier) sortilège, mais il a bien parlé de "tous tes sortilèges " (plurielle). Alors on ne saurait dire que c'est parce que Babylone n'avait utilisé qu'un seul sortilège. Le problème n'est pas la quantité, Il ne sert donc à rien de multiplier les sortilèges puisqu'ils vont tous échouer . Nous savons qu'il y avait une multitude de vaccins (qui correspondent aux sortilèges) contre le corona virus, mais aucun n'avait permis d'atteindre l'immunité collective. Dieu a aussi précisé que c'est malheurs allaient frapper Babylone "malgré la puissance de ses incantations ". Le problème n'est donc pas le degré de puissance des incantations, puisque quelques soient leurs puissances, ces incantations n'allaient pas pouvoir permettre de se prévenir contre ces malheurs, ni de pouvoir s'en soigner.

Nous savons aussi que ce sont les laboratoires les plus puissants du monde entier qui cherchaient des solutions contre les COVID-19 et qui avaient conçu les vaccins, mais malgré leurs puissances, aucun vaccin n'avait atteint l'objectif principal. Alors, si c'est Dieu qui est derrière des souffrances ou des malheurs , peu importe la quantité et la qualité des solutions scientifiques qui seront apportées, elles vont toutes échouer, car nul ne peut délivrer de la main de Dieu. Une autre chose extrêmement importante à retenir c'est lorsque Dieu dit à Babylone :

《 C'est ta sagesse et ta science qui t'ont pervertie...》 On comprend donc que les babyloniens étaient très sages et ils maîtrisaient aussi les sciences, tout comme les occidentaux. C'est donc cette sagesse et cette science qui ont entraînés l'impiété de Babylone, tout comme la science a entraîné l'impiété de l'Occident depuis le siècle des lumières. Alors, à travers le rejet de la religion au profit de la science depuis le 18ème siècle, l'Occident correspond parfaitement à cette description de Babylone dans Esaïe 47: 10. On a donc l'impression que Dieu s'adressait ainsi directement aux occidentaux à cause de la philosophie des lumières. Dieu ajoute en précisant que Babylone se disait : 《moi, sans égale.》 D'après la Bible des peuples, cela signifie que Babylone se croyait invincible, elle croyait qu'elle n'allait jamais connaître la défaite: les occidentaux ont-ils volontairement laisser passer leur hégémonie ? Tout comme Babylone, l'Occident aussi se croyaient invincible, c'est la raison pour laquelle le président français pensait que c'est à cause de leurs erreurs qu'ils ont perdu leur hégémonie. Mais alors, après toutes ces ressemblances entre Babylone et l'Occident, peux-tu toujours croire que c'est simplement à cause des erreurs dont a parlé le président Macron, ou c'est quelque chose qui provient du monde spirituel ?

En définitive, en prenant Esaïe 47, même sans lire ce chapitre, mais en lisant d'abord sa description par les bibles de Jérusalem et des peuples, cela correspond exactement à l'Occident. Ensuite, en lisant le chapitre en question, on se rend encore compte qu'il correspond parfaitement à l'Occident. Nous avons aussi vu que le rejet de la religion, ou de Dieu, au profit de la science pendant le siècle des lumières, dont avait parlé le président français, correspond exactement à la description d'Esaïe 47 par la bible de Jérusalem et la bible des peuples, et que ça correspond exactement aussi à ce que Dieu a dit dans Esaïe 47:10. De ce fait, ne devrais-tu pas te poser la question de savoir si tous ces malheurs et souffrances soudaines en Occident sont les fruits de l'incompétence de ses dirigeants comme le pensent leurs populations, ou plutôt c'est Dieu qui attire leur attention ?

Liens entre le discours du président français et Jérémie 1:8-10

J'ai dit qu'avant le discours de Macron en Août, j'avais déjà fait une deuxième publication le 14 juillet 2019 dans laquelle je prédisais un grand changement dans le monde , en mentionnant Jérémie chapitre 1 versets 8 à 10. Voici son contenu:

《Jéremie 1:8-10

[8]Ne les crains point, car je suis avec toi pour te délivrer, dit l'Éternel.

[9]Puis l'Éternel étendit sa main, et toucha ma bouche; et l'Éternel me dit: Voici, je mets mes paroles dans ta bouche.

[10]Regarde, je t'établis aujourd'hui sur les nations et sur les royaumes, pour que tu arraches et que tu abattes, pour que tu ruines et que tu détruises, pour que tu bâtisses et que tu plantes.

Dieu m'a confié la mission de changer le monde, de faire avancer l'histoire.

Alors je vous dis d'avance que les choses ne seront plus les mêmes, Dieu lui-même va se manifester avec plus de puissance qu'il ne le faisait avant: le christianisme va connaître une nouvelle phase.》

Cette publication se trouve toujours sur mon mur Facebook et sa capture d'écran est à la page 18 de mon second livre (sur le printemps spirituel mondial). Ayant lu mon deuxième livre, peux-tu prendre une pause pour trouver, toi-même, le lien entre ce passage et le discours d'Emmanuel Macron?

Le président français a parlé du changement, non pas dans l'ordre de la France ou de l'Europe uniquement, mais de l'ordre mondial. Or, dans cette publication du 14 juillet, j'avais dit que Dieu m'a confié la mission de changer le monde, de faire avancer l'histoire. Puisque l'hégémonie occidentale dont elle a perdue date du 18ème siècle , c'est donc une nouvelle page de l'histoire du monde qui s'ouvre: l'histoire est en train d'avancer. On peut déjà voir que ma prédiction parlait du monde entier, et Macron aussi parlait du monde entier. Ma prédiction parlait de 《faire avancer l'histoire 》 et Macron reconnaît que l'histoire avance. Analysons ensemble Jérémie chapitre un, versets huit à dix.

† Jérémie 1:8-10

《"N'aie pas peur d'eux, car je suis avec toi pour te délivrer. » Voilà ce que le Seigneur me déclara. Puis il avança la main, toucha ma bouche et me dit : « **C'est toi qui prononceras mes paroles.** Tu vois, aujourd'hui je te charge d'une mission, qui concerne les nations et les royaumes : tu auras à déraciner et à renverser, à détruire et à démolir, mais aussi à reconstruire et à replanter. » 》

D'après la Bible en français courant.

Au verset 8, Dieu demande au prophète Jérémie de ne pas avoir peur de ceux vers qui il l'envoie délivrer son message. Cela veut dire que ces derniers sont supérieurs à Jérémie, mais le complexe d'infériorité ne devrait pas l'empêcher de leur dire ce que Dieu veut. Nous avons vu qu'avec le COVID-19, les scientifiques de l'organisation mondiale de la santé avaient prédit le pire pour l'Afrique. Bien qu'ils soient supérieurs à moi, je n'avais pas hésité à dire que leur prédiction va échouer et que c'est plutôt la mienne qui va se réaliser! Tout le monde connaît la suite. Pareil avec l'échec de l'immunité collective dont les plus grands scientifiques du monde avaient prédit grâce aux vaccins, et que je les avais contredit, sans tenir compte de leurs notoriété. Au verset 9, Dieu dit à Jérémie, son porte-parole, que c'est lui qui prononcera ses paroles. Jérémie allait donc parler au nom de Dieu. Nous avons vu que mes prédictions étaient toujours au nom de Dieu et qu'elles se sont réalisées. C'est le verset 10, où Dieu dit à Jérémie, son porte-parole, qu'il le charge d'une mission qui concerne les nations et les royaumes pour détruire et démolir, mais aussi pour reconstruire et replanter, qui nous intéresse le plus.

En effet, dans son introduction au prophète Jérémie, la Bible des peuples titre: 《 **CEUX QUI FONT L'HISTOIRE** 》. Puis, elle continue en écrivant :

《 *Les rois et les généraux s'agitent sur la scène politique ; prêtre et charlatans donnent aux Hommes le genre de vérité qu'ils aiment entendre; guerre et famine ont mis les peuples à genoux : qui donc se sent responsable de la mission d'Israël, instrument de Dieu dans le monde?*

*C'est alors que Dieu cherche celui à qui il donnera autorité, **non seulement sur Israël, mais sur toutes les nations,** avec pour mission de déraciner et de détruire, de bâtir et de planter. Autrement dit, **Dieu lui confie la mission de faire avancer l'histoire.** Cet homme sera Jérémie [...] Jérémie a coopéré avec Dieu dans ses décisions suprêmes qui dirigent l'histoire [...] Dieu est à l'œuvre dans l'histoire par l'intermédiaire de l'activité, des écrits et de prières d'innombrables personnes. Mais il suscite aussi des forces plus profondes qui secouent l'inertie des cœurs et augmentent le désir de justice dans* *le monde [...] les amis de Dieu prennent part à sa gestion souveraine des événements [...] Jérémie est devenu aussi un ami de Dieu: il a été totalement saisi par Dieu, et Dieu lui a communiqué son amour jaloux pour Israël et sa colère à cause du péché. C'est ainsi qu'**il a pu prononcer avec Dieu les condamnations d'Israël et annoncer le grand changement de l'Histoire Sacrée** : la Nouvelle Alliance. 》*

Nous voyons à travers cette introduction que la mission de Jérémie ne se limitait pas seulement en Israël, mais elle concernait toutes les nations. Nous voyons aussi que Jérémie 1:10 signifie que Dieu confie à Jérémie la mission de faire avancer l'histoire, et tu comprends donc pourquoi j'avais dit que Dieu m'a confié la mission de faire avancer l'histoire. Puisque la mission de Jérémie concernait toutes les nations, c'est-à-dire le monde entier, et qu'il était appelé à faire avancer l'histoire, c'est donc l'histoire du monde qu'il était appelé à faire avancer. L'Occident avait une hégémonie depuis plus de 3 siècles (plus de 300 bonnes années) sur le monde entier, et sa perte signifie donc que c'est l'histoire du monde entier qui connaît un changement : l'histoire du monde avance exactement comme dans cette introduction au prophète Jérémie. Cette introduction est liée à Jérémie 1:8-10 dont j'avais fait mention le 14 juillet 2019 et le discours de Macron du 27 Août 2019 a aussi un lien étroit avec l'introduction. Avec autant de ressemblances, poses-toi la question de savoir si c'est par hasard que le président français avait reconnu que l'Occident a perdu son hégémonie, l'histoire qui date de plus de trois cents ans change (avance), juste après ma prédiction qui va dans le même sens?

Avec cette publication et cette introduction au prophète Jérémie, nous pouvons même aller loin au delà du discours du président français. J'ai déjà expliqué dans mes précédents livres d'où vient Jérémie 1:8-10 dont j'avais mentionné dans ma publication. Le livre du prophète Jérémie n'est que l'un des 73 livres aux auteurs différents contenus dans la Bible : pourquoi est-ce que sur la multitude d'auteurs, c'est un extrait du prophète Jérémie précisément que j'avais mentionné, sachant que le titre de son introduction est 《ceux qui font l'histoire 》? Que signifie 《ceux qui font l'histoire 》 ou encore "faire l'histoire "? Au regard de tout ce qui est dit depuis le début de ce livre, peux-tu dire que je ne fais pas l'histoire ? Nous avons vu que c'était le 14 juillet 2019 que j'avais fait cette publication, et qu'elle a un lien étroit avec le discours dont le président français avait fait par la suite le 27 août. Après ce discours, il y a eu la pandémie mondiale du COVID-19, et une fois de plus mes prédictions au début de ce malheur mondial se sont réalisées. Après la pandémie du COVID-19, voici qu'en 2024, la conférence des évêques de France nous annonce une hausse surprise des baptêmes depuis la période post-Covid, exactement comme je l'avais déjà prédit aussi bien dans des publications que dans des livres. Mes prédictions se sont donc réalisées dans autant d'événements qui marquent l'histoire, alors ne devrait-on pas reconnaître que moi-aussi je fais l'histoire, à l'exemple du prophète Jérémie, comme le dit le titre de son introduction 《ceux qui font l'histoire 》 ? Avant ma publication, tout ces événements n'avaient pas encore eu lieu, or cette publication disait clairement que j'allais faire l'histoire et la réalisation de mes prédictions pendant ces évènements est justement venue confirmer. En plus, sachant qu'au verset 9, Dieu dit que c'est moi qui vais prononcer ses paroles et que mes prédictions se sont effectivement réalisées, faut-il toujours prendre ces prédictions à la légère ?

Dans cette introduction au prophète Jérémie, la Bible des peuples nous dit que les amis de Dieu prennent part à sa gestion souveraine des événements, et que le prophète 《**Jérémie a coopéré avec Dieu dans ses décisions suprêmes qui dirigent l'histoire.**》 Le COVID-19 était un malheur historique qui va marquer l'histoire du monde, sans aucun doute. Or, pendant cette pandémie, j'avais prédit que l'Afrique n'allait pas connaître le pire car les africains adorent Dieu, et que les vaccins n'allaient pas permettre d'atteindre l'immunité collective car le monde s'est détourné de Dieu au profit de la science grâce à laquelle les vaccins sont produits. Toutes ces prédictions, autres autres, se sont réalisées. Mais alors, est-ce Dieu qui m'avait révélé exactement toutes ces choses avant que je ne les prédisent ? Non. On a donc l'impression que je coopérais avec Dieu dans ses décisions suprêmes au sujet du COVID-19 et de la hausse des conversions. On a l'impression que je prenais part à la gestion souveraine de Dieu concernant le COVID-19 et la conversion en Occident, comme le dit cette introduction.

Cette introduction nous dit aussi que Jérémie a prononcé avec Dieu les *condamnations* d'Israël : de quoi s'agit-il, ou encore qu'est-ce que cela signifie ? Il s'agit tout simplement du châtiment divin qu'a subi Israël. Un grand malheur avait frappé Israël, puisqu'il avait été détruit, ruiné et sa population avait été déportée à Babylone. Voilà donc de quelle condamnation il est question, car comme le dit le début de l'introduction, les rois (équivalent des présidents de la République de nos jours) et les généraux s'agitaient sur la scène politique, les prêtres et les charlatans donnaient aux Hommes le genre de vérité qu'ils aiment entendre en lieu et place de celle que Dieu voudrait qu'ils leur donnent. Bref, Israël s'était détourné de Dieu, c'est ce qui avait provoqué sa « condamnation » ou châtiment. Cependant, le prophète Jérémie n'avait pas prononcé seulement le malheur ou négatif, mais aussi la restauration, le bonheur ou positif, à savoir, le 《grand changement de l'Histoire Sacrée 》. Tu peux donc constater qu'après ma prédiction (publication) il y a eu ce grand malheur du COVID-19, semblable à cette condamnation d'Israël, et maintenant il y a un grand changement dans l'Eglise en France à travers cette hausse des conversions, semblable au grand changement qu'avait prononcé Jérémie. Et parlant de cette hausse, nous avons vu que tout un évêque a reconnu que c'est sûrement Dieu lui-même qui vient au secours de son Église, or dans cette publication, j'avais bel et bien prédit que Dieu allait agir beaucoup plus. Toutes ces choses ne te disent-elles rien?

Une petite parenthèse : cette introduction précise que les rois et les généraux s'agitent sur la scène politique. J'ai déjà dit que ces rois sont l'équivalent des présidents de la République de nos jours. Nous pouvons donc voir que, bien que les États se disent laïcs de nos jours, Dieu s'intéresse aussi à la manière dont les chefs d'Etat et les généraux aussi font leur travail : Dieu s'intéresse à la politique dans les différents pays. Alors, peu importe si au nom de la laïcité, les dirigeants politiques ignorent la religion ou Dieu, ils doivent être conscients que Dieu par contre n'est pas indifférent face à la manière dont ils exercent leurs fonctions. Tu comprends donc pourquoi dans mes livres consacrés à

Dieu, la politique occupe une place de choix, car elle concerne la façons dont les créatures du bon Dieu sont traitées.

Tu peux déjà constater que je m'étais basé, entre autres, sur cette introduction au prophète Jérémie de la Bible des peuples pour faire cette publication du 14 juillet 2019, alors les deux ont un lien étroit. Et lorsque tu analyses attentivement le discours du président Macron, le COVID-19 et la hausse des conversions en France depuis la période post-Covid, qui ont tous eu lieu après cette publication, tu vois bien qu'il y a aussi un lien très étroit entre tous ces évènements et la publication en question.

PARTIE III- GÉNÉRALITÉS

L'essentiel de ce livre a déjà été dit dans les deux premières parties. Cette troisième parties vise l'approfondissement de certaines choses qui ont déjà été dites de manière superficielle afin de ne pas sortir du sujet qui était traité dans ces deux premières parties. Il est question d'apporter un peu plus de précision.

SIÈCLE DES LUMIÈRES

Les président français avait parlé du 18ème siècle et la philosophie des lumières, et de la révolution industrielle. Tout ceci ne saurait passer inaperçu sans attirer votre attention lorsqu'on parle de la religion en Occident. En effet, la science et la technologie occupent une place centrale dans notre civilisation, elles sont incontournables. Ceci n'a pas toujours été le cas depuis la création du monde. Pendant plusieurs siècles, voire millénaires, la science et la technologie n'existaient presque pas. Nous avons appris à l'école que c'est au 19ème siècle que le monde a connu une grande métamorphose grâce à ce que les historiens appellent "les progrès scientifiques et techniques du 19ème siècle ". Ces progrès scientifiques et techniques étaient le fruit de "la philosophie des lumières " du 18 ème siècle, encore appelé "le siècle des lumières ". L'une des choses principales qui ont favorisées ces progrès scientifiques et techniques était **le recul de l'esprit religieux.** En effet, on ne saurait parler de la philosophie des lumières sans parler de son combat contre la religion ou l'esprit religieux. L'on comprend donc qu'avant le 18 ème siècle ou la philosophie des lumières, la religion, judéo-chrétienne, occupait une place centrale dans la société occidentale. À cette époque, les populations occidentales pouvaient être à 100% des croyants, ou tout au moins, le pourcentage de ceux qui croyaient en Dieu devait être très élevé. Dieu occupait donc une place importante en Occident. Mais malheureusement, la religion présentait beaucoup de lacune, et l'une de ces lacunes c'est l'inquisition, qui faisait en sorte que la religion semblait combattre contre la science ou les scientifiques. On se souvient de l'affaire de Galilée le scientifique face à l'inquisition. Nous n'allons pas entrer dans les détails des imperfections de la religion avant le 18 ème siècle, mais nous allons tout simplement reconnaître qu'elles existaient et qu'elles étaient nombreuses.

Alors, à cause de ces imperfections de la religion, cette dernière était devenue l'une des cibles principales des philosophes des lumières. À partir du 18ème siècle, la religion avait donc été beaucoup combattue, entraînant le recul de l'esprit religieux en Occident, au profit du scientisme : la croyance à la toute puissance de la science. Autrement dit, les philosophes des lumières n'avaient pas trouvé le juste milieu entre la religion et la science, tout comme le clergé ne l'avait pas fait avant le 18ème siècle. Dieu, ou la religion, avait ainsi commencé à perdre sa place petit à petit dans la société occidentale au profit de l'impiété, au nom de la science ou du scientisme.

Certes, avant le 18ème siècle, le clergé exagérait, mais le fait que la philosophie des lumières ait placé la science au centre du monde en rejetant Dieu était une erreur extrêmement grave, car Dieu est un Dieu jaloux qui a horreur que ses créatures l'abandonnent , et qu'ils donnent sa gloire aux idoles (la science) : Esaïe 42:8. Ainsi donc, depuis le 18ème siècle, Dieu voit comment les occidentaux l'abandonnent petit à petit, mais il se taisait, il se retenait d'intervenir. Pendant que la religion diminuait petit à petit, l'impiété grandissait, au point où de nos jours le pourcentage de ceux qui ne croient plus en Dieu est plus élevé que celui des croyants dans plusieurs pays occidentaux, comme la France par exemple. Fallait-il que Dieu se taise à jamais en laissant grandir l'impiété jusqu'à ce qu'il n'ait plus aucun croyant en Occident aux derniers jours, et qu'il envoie tout ce monde en enfer?

Le silence de Dieu face à la montée de l'impiété et du scientisme poussait déjà certains africains à prendre cela comme modèle. C'est ainsi que depuis ces dernières années, ces africains combattent contre la religion en demandant aux autres africains d'abandonner aussi Dieu (la religion) au profit de la science, comme en Occident. Ceci dit, non seulement la croissance de l'impiété en Occident était déjà une mauvaise chose qui attire la colère de Dieu, mais voilà que l'Occident était aussi sur le point de contaminer l'Afrique. Fallait-il donc que Dieu continue à se taire? Il a donc décidé de se réveiller pour agir.

Dieu a donc vu l'impiété gagner du terrain en Occident pendant des siècles (depuis le 18ème siècle) et il se taisait, mais il a finalement décidé de ne plus se taire (Esaïe 42: 14), alors le monde entre dans une nouvelle ère spirituelle, qui vient corriger la période avant le 18ème siècle pendant laquelle il y avait des exagérations religieuses, et la période après le 18ème siècle marquée par les exagérations de la philosophie des lumières. Cette nouvelle ère est caractérisée par l'alliance, ou armonie, entre la croyance en Dieu (pour ne pas dire la religion) et la science. Il n'est donc plus question d'abandonner ou marginaliser la science au nom de la religion, ni de marginaliser Dieu au nom de la science. Le scientisme a abouti à une science sans conscience . Car refuser ou ignorer l'existence de Dieu en pratiquant uniquement la science amène à se servir de cette science pour dominer les plus faibles (Esaïe 47:10): Dieu n'aime pas ça. Or, en pratiquant la science tout en sachant que Dieu existe, l'on est poussé à écouter sa conscience pour mieux utiliser cette science: c'est justement ce que Dieu veut. Je ne vais pas entrer dans les détails pour le moment.

RENOUVEAU SPIRITUEL

L'une des choses les plus importantes à retenir d'Esaïe 40 à 55, c'est le renouveau spirituel après l'exil:

la religion allait subir des changements. D'ailleurs, il est dit du prophète Jérémie que malgré le fait qu'il ait eu à prédire surtout les malheurs, il est aussi celui qui avait prédit le Grand Changement de l'histoire sacrée : la Nouvelle Alliance. Or, dans cette nouvelle alliance, il y a des changements dans la religion par rapport au passé. Vous allez certainement me dire que cette alliance n'était pas seulement nouvelle, mais qu'elle était surtout éternelle, alors après elle, il ne doit plus avoir de changement. Mais alors, avons-nous compris cette alliance et la mettons- nous en pratique? Il n'est donc pas question ici d'une autre nouvelle alliance , mais plutôt de la compréhension et la mise en pratique de la nouvelle alliance éternelle.

En 2020, après avoir produit la vidéo intitulée COVID-19 : SIGNE DIVIN OU PANDÉMIE NATURELLE ?, j'avais voulu alerter l'Église, alors j'avais estimé qu'il fallait que j'en parle au clergé de ma paroisse afin qu'à leurs tours, ils informent l'archevêque qui est leur supérieur hiérarchique. Mais grande avait été ma déception. J'étais allé au presbytère rencontrer le vicaire pour lui montrer la vidéo, dans mon téléphone. Après l'avoir visionné pendant un moment, il m'avait demandé la durée totale de ladite vidéo, puis avait arrêté de la visionner, sans qu'elle ne soit finie. J'avais eu un petit choc en voyant qu'il n'avait pas regardé la vidéo jusqu'à la fin, car j'estimais qu'au moins par politesse, et pour tous mes sacrifices en temps et en argent pour produire cette vidéo , il devait la terminer, qu'il soit d'accord avec ce qui y est dit ou non. Cependant, je n'avais pas trop pris en considération son acte, mais je m'attendais tout de même à une série de questions réponses qui devait lui permettre de mieux me comprendre, avant qu'il n'en donne son opinion. Grande avait été ma surprise de constater que le vicaire avait plutôt commencé à chercher à me donner des leçons, tout en monopolisant la parole. Lorsque j'avais par exemple évoqué la méditation d'Esaïe 40 à 55, il m'avait répondu qu'il s'agissait de la déportation du peuple d'Israël, c'est-à-dire de la souffrance, or le COVID-19 c'est le mal et le mal vient du diable, tandis que Dieu peut infliger la souffrance mais pas le mal. Bref, il n'avait pas prêté attention à mes déclarations. Je rappelle que c'était vers le mois de mai 2020, car le temps m'a donné raison, puisque nous voyons une multitude de similitudes entre ce qui est écrit dans Esaïe 40 à 55 et le COVID-19. Et pour tout couronner, voici que quatre ans plus tard, la conférence des évêques de France nous fait savoir que depuis la période POST-COVID-19, il y a une forte hausse des conversions. Si le vicaire était humble, il aurait prêté attention à ce que je lui disais, et aurait donc alerté la hiérarchie de l'Eglise.

Après cette rencontre décevante avec le vicaire, je ne m'étais pas découragé, car j'avais la ferme conviction que j'avais raison. J'avais donc décidé d'en parler aussi au curé. C'est ainsi qu'un jour, immédiatement après la messe, j'étais allé le rencontrer pour lui en parler pendant qu'il se rendait au presbytère. À peine j'avais engagé la conversation qu'il m'avait répondu que le vicaire m'a déjà dit que Dieu peut être l'auteur des souffrances, comme dans la déportation d'Israël, mais le COVID-19 c'est plutôt le mal. Lorsque j'avais voulu parler des révélations, il m'avait donné une réponse que j'estime très choquante. Il m'avait demandé qui est-ce qui m'avait demandé de rendre publique mes révélations, puisque lorsque Dieu fait des révélations à une personne, elles sont personnelles, car elles ne concernent que cette personne. J'étais très choqué d'entendre une telle affirmation, surtout venant d'un prêtre. Certes, j'étais conscient que Dieu fait souvent des révélations personnelles aux gens, mais je savais qu'il fait aussi des révélations qui concernent la multitude. Je savais donc que je n'étais pas face à une révélation personnelle, mais à celle qui concerne la multitude, et tout ce que je désirais était que l'Église en fasse juste un discernement sérieux. Je m'attendais donc à ce que, arrivé au presbytère, le curé m'offre une chaîse pour qu'on puisse en parler en profondeur, ou à défaut,   qu'il me programme un rendez-vous. Malheureusement, il n'y avait eu ni l'un, ni l'autre. Une fois de plus, j'avais pris congé du curé avec un sentiment de grande déception. Déception non pas forcément parce qu'ils n'étaient pas d'accord avec ce que j'affirmais, mais de ne m'avoir pas au moins donné l'occasion de m'exprimer. Ils auraient pu me laisser m'exprimer librement et écouter très attentivement, tout en me relançant de temps en temps sur certains points afin de se rassurer de m'avoir bien compris. Ensuite ils me démontrent, par des arguments et des exemples solides , que je me suis trompé. Dans ce cas, j'aurais pris congé d'eux étant convaincu que je m'étais trompé et je devais changer mes opinions.

Alors, malgré la rencontre avec le vicaire et le curé, je n'étais pas convaincu que je me trompais. Vers le début du mois de juillet 2020, j'étais donc passé, pendant la nuit, à l'émission Intimes Convictions, animée par Aline Fomete, sur la chaîne de télévision Canal2 internationale, pour soutenir mes positions par rapport au COVID-19. Le lendemain matin, alors que j'étais encore couché, j'avais reçu l'appel téléphonique de notre responsable, celle qui était venue créer le groupe du renouveau charismatique dans notre paroisse. Sans me donner une seule seconde pour que je m'exprime, elle avait commencé à me faire de vives reproches à cause de mon passage à la télévision, sans l'autorisation du clergé de ma paroisse, ni de la hiérarchie du renouveau charismatique, tout en disant que j'y avais fait des affirmations très grave, pourtant les prêtres m'avaient déjà parlé. En gros, elle était préoccupée par la censure de notre groupe de prière paroissial par le clergé, à cause de mes affirmations, et se fichait pas mal de la véracité de mes affirmations, encore moins de savoir si c'était Dieu qui m'envoyait.

J'ai encore beaucoup à dire sur mes reproches contre les leaders religieux, mais ce livre n'est pas approprié pour la circonstance. Je voudrais donc qu'on tire ensemble quelques leçons sur ce peu qui a été dit. Lorsque tu regardes ton propre visage dans un miroir, tu vois que Dieu t'a donné 2 yeux, 2 oreilles, mais 1 seule bouche. Les yeux permettent uniquement de regarder, et Dieu nous en donne jusqu'à deux. Les oreilles qui permettent juste d'écouter, Dieu nous en donne jusqu'à deux. Il faut préciser que ces oreilles ne permettent pas de s'écouter soi-même, mais d'écouter plutôt les autres. Quant à la bouche, elle ne permet pas seulement de parler, mais aussi de manger, alors elle a jusqu'à deux fonctions, Dieu ne nous en donne qu'une seule. Les oreilles et les yeux qui n'ont qu'une seule fonction chacune, Dieu nous en donne jusqu'à deux, tandis que la bouche qui a jusqu'à deux fonctions, Dieu ne nous en donne qu'une seule: est-ce par hasard ou c'est un message qu'il veut nous transmettre? Dans Siracide 5:11, il est écrit :" sois prompt à écouter et lent à donner ta réponse." L'importance de l'écoute des autres avant de parler est tellement grand au point où même l'apôtre

Jacques répète presque la même chose que Siracide en disant dans Jacques 1:19 :" ...Ainsi, que tout homme soit prompt à écouter, et lent à parler, lent à se mettre en colère ;..." À qui s'adressent donc Siracide et l'apôtre Jacques? Est-ce seulement à une certaine catégorie de personnes, les petits, et non à tout le monde, notamment aux leaders? Si donc l'on est leader religieux et on enseigne ce qui est écrit dans la Bible, on devrait prêcher par le bon exemple en mettant soi-même en pratique ce que dit la Bible! Mais alors, combien de leaders religieux se donnent la peine d'écouter attentivement ceux qui sont inférieurs à eux? Je vous ai donné des exemples de ce que j'ai personnellement vécu, afin de montrer comment il n'existe pas l'esprit d'écoute. Beaucoup de leaders pensent que Siracide et Jacques s'adressent seulement à leurs subalternes, et qu'eux-mêmes ne doivent pas aussi les écouter, ils ne peuvent écouter que leurs supérieurs. L'humilité est l'un des piliers du christianisme, et tous les leaders l'enseignent. Sauf que beaucoup pensent que L'humilité consiste seulement au subalterne d'écouter son supérieur. Dans le christianisme, L'humilité s'adresse avant tout aux leaders, aux supérieurs. Car Dieu se sert rarement des leaders pour une actions ou pour transmettre son message, mais il aime se servir des plus petits. Nous pouvons voir l'exemple de Gédéon au sixième chapitre du livre des juges. Sa famille était la plus pauvre de son clan et lui-même, il était le plus petit de la maison de son père, mais c'est lui que Dieu avait choisi. Les autres auraient pu se moquer de Gédéon en le simplifiant. Nous voyons aussi l'exemple de David qui était le plus petit de sa famille, mais Dieu a laissé ses aînés et c'est lui qu'il a choisi. Même avant d'affronter Goliath, le frère aîné de David lui avait fait des reproches. Les leaders devraient donc être conscients que Dieu peut passer par leurs subalternes, ceux-là mêmes qu'ils sous-estiment, pour faire passer son message. Alors ils doivent avoir assez d'humilité pour écouter attentivement les plus petits !

Pourquoi est-ce que je parle du renouveau en faisant des reproches à des leaders religieux? Lorsque vous lisez la Bible, vous vous rendez compte que lorsque le peuple d'Israël obéissait à Dieu, il gagnait des combats même contre ceux qui sont beaucoup plus puissants et plus nombreux qu'eux, car Dieu était avec eux. Par contre, lorsque ce peuple ne mettait pas en pratique la parole de Dieu, Dieu s'éloignait d'eux et ils étaient vaincus même par de petites nations. On peut voir l'exemple du livre du Deutéronome au chapitre 20 où Dieu dit au peuple d'Israël que quelques soient l'effectif et la puissance de ses ennemis, Israël ne doit pas le craindre, car Dieu combat pour eux. Par contre, dans l'évangile selon Saint Luc 19:41+, Jésus-Christ prédit à Jérusalem que l'ennemi va la détruire car elle a rejeté Dieu. Alors, si l'on s'en tient à la Bible, Dieu peut être avec son peuple, tout comme il peut l'abandonner. Il ne suffit donc pas de se contenter de dire qu'on appartient au peuple de Dieu, mais le plus important c'est de mettre sa parole en pratique. Nombreux, y compris des leaders religieux, sont ceux qui ne croient pas en ce que dit la Bible, ils ne croient pas que Dieu peut être avec son peuple, tout comme il peut abandonner ce même peuple. Un jour, j'ai entendu un leader d'une des dénominations du renouveau charismatique dire que certaines personnes disent qu'il n'y a plus autant de miracles pendant leur retraite spirituelle annuelle, comme par le passé. Dans une autre dénomination, j'ai souvent entendu la même chose, puisque les plus anciens disent qu'avant il y avait beaucoup d'exercices spirituels qu'ils pratiquaient et il y avait beaucoup de miracles, mais de nos jours, qu'ils ne pratiquent plus ces exercices spirituels, ces miracles se font de plus en plus rares. Ces types de témoignages que j'entends de nos jours, confirment tout simplement ce que dit la Bible : Dieu peut être proche de son peuple, tout comme il peut s'éloigner. Or, lorsqu'il est avec son peuple, il fait beaucoup de miracles, d'où la nécessité de remettre la religion en cause, en corrigeant les erreurs pour que Dieu fasse plus de miracles.

Ce renouveau spirituel est plus que nécessaire, il était grand temps qu'il arrive, car la religion, ou spiritualité, a été dénaturée, elle a perdu son essence même. En regardant les vidéos sur YouTube ou en lisant les articles sur la hausse des baptêmes, il y a un mot qui revient constamment :"**surprise**". Tout le monde est surpris, en commençant par les évêques eux-mêmes. Or, moi-même je suis surpris qu'ils soient surpris. C'est vrai qu'il n'est pas dans mes habitudes de juger quelqu'un sans avoir au préalable pris la peine de bien écouter les opinions et les arguments de la personne, alors je peux bien me tromper du vrai sens de leur surprise. Mais si c'est ce à quoi je pense, alors je ne comprends pas pourquoi tout chrétien, à plus forte raison, le clergé peut être surpris par cette hausse des conversions après autant d'épreuves. En effet, il est indéniable qu'il existe de multiples passages bibliques où Dieu menace le peuple et met en application ses menaces à travers des malheurs. On devrait donc se poser la question de savoir quelles sont généralement les circonstances dans lesquelles Dieu fait abattre le malheur sur le peuple dans la Bible, et quelle est la finalité de ces malheurs divins? Tout lecteur de la Bible, qu'il soit chrétien ou non, se rendra vite compte qu'à plusieurs reprises dans la Bible, le peuple s'est détourné de son Créateur. Ce dernier n'est pas resté indifférent, il a fait abattre des malheurs sur ce peuple qui s'est finalement converti :"retour vers Dieu ". En tirant des leçons de ces exemples bibliques, pendant les moments d'épreuves, tout chrétien ne devrait pas écarter l'hypothèse du châtiment de Dieu. Je parle bien de l'hypothèse, car je ne suis pas en train de dire que tous les malheurs sans exception sont des châtiments divins. Alors, sachant que certains malheurs peuvent venir de Dieu, pendant les moments de grandes épreuves, les chrétiens devraient être vigilants et étudier très attentivement ces épreuves afin de savoir s'ils viennent de Dieu ou non. Et même s'ils n'avaient pas pris la peine d'étudier ces épreuves de très près, dès lors qu'ils constatent qu'elles ont engendré des conversions, cela devrait retenir leur attention! On comprend tout simplement que les chrétiens lisent la Bible, mais semblent ne pas croire en ce qui y est écrit, ou semblent ne pas en tirer de leçons pour la vie quotidienne! Il faut donc que ça change. Il faut désormais prendre la spiritualité très au sérieux.

L'une des choses les plus importantes à retenir aussi d'Esaïe 40 à 55, c'est la promesse de Dieu de passer à la vitesse supérieure en terme de miracles. Nous sommes donc en train de tendre vers la métamorphose de la religion, à un moment où il y aura de plus en plus de miracles, et de très grands miracles évidents pour tous. Alors lorsque les médias avaient parlé du miracle africain et du miracle britannique, ce n'était pas un hasard, car ce n'était qu'un avant-goût qui préfigurait déjà une nouvelle ère de grands miracles. Je le dis afin que vous sachez qu'il ne coûte absolument rien à Dieu de faire un miracle par rapport aux effets du changement climatique, surtout qu'au regard de leurs dégâts, nous sommes presque tous d'accord que l'humanité va beaucoup souffrir. Alors l'humanité a plus que jamais, besoin des miracles de Dieu. C'est pareil avec les autres catastrophes naturelles et même avec l'inflation : les plus puissants n'ont pas forcément besoin d'exploiter les plus faibles pour mieux vivre ou survivre.

L'UNIVERSALITÉ DE DIEU

L'un des thèmes sur lesquels Esaïe 40 à 55 met un accent particulier c'est bien l'universalisme de Dieu. Dieu est le Dieu de toutes les races, toutes les religions et non pas seulement le Dieu d'Israël, le Dieu des chrétiens ou d'une quelconque religion. Alors, ce que tout le monde est appelé à retenir aussi c'est que nous ne parlons pas ici d'un renouveau d'une religion précise, ou plus précisément, du renouveau des chrétiens uniquement. Mais il s'agit d'un renouveau qui touche toutes les religions sans exception.

En effet, l'écrasante majorité de ceux qui croient en Dieu, toutes les religions confondues, ont plutôt tendance à être des amoureux de leurs religions respectives, au lieu d'être des amoureux de Dieu, qui est universel. Alors, ils passent plus de temps dans les conflits inutiles entre les religions, en se basant sur les spécificités (moins importantes)de leurs religions qui les distinguent des autres religions,   au lieu de se concentrer sur les points en commun qui sont universels à toutes les religions et qui les unissent. En agissant ainsi, ils abaissent Dieu sans s'en rendre compte. C'est aussi de là que naît l'extrémisme religieux, ou terrorisme. Il faut noter que le terrorisme n'est rien d'autre que la phase avancée de l'extrémisme religieux. Car en réalité, il existe de nombreux extrémistes, dans les différentes religions, dont les pensées et les actes prouvent qu'ils seraient capables de prendre aussi les armes pour imposer leurs religions, s'ils avaient les moyens de le faire.

Dans ce renouveau spirituel, il sera aussi question d'élever le Dieu universel, en mettant l'accent sur ses valeurs universelles qui unissent tous les croyants, sans distinction de religion. C'est donc une excellente occasion de combattre ce fameux terrorisme qui traumatise le monde. Ceux qui luttent contre le terrorisme doivent donc s'y impliquer aussi.

CECI EST CAPITAL : Il faut analyser minutieusement Esaïe 47: 9, puis Esaïe 44:25, car la montée de l'extrême droite se justifie par les mauvaises conditions de vies dont ses militants attribuent à l'incompétence des dirigeants d'une part. Et d'autres part, nous sommes une civilisation aveuglée par le scientisme car l'on croit que seule la science peut comprendre les problèmes du monde et apporter des solutions. Nous avons déjà dit avec Esaïe 47:9 que ce n'est pas à cause de l'absence de précautions que Babylone allait être frappée par des malheurs. Et avec Esaïe 44:25, on voit aussi que ce n'est pas à cause de l'incompétence des devins que leurs prédictions allaient échouer, mais parce que c'est Dieu lui-même qui les fait échouer. Si donc c'est Dieu en personne qui se charge de faire échouer leurs prédictions, alors peu importe la notoriété, la compétence ou la puissance de ces devins, leurs prédictions seront toujours vouées à l'échec. Vous pouvez maintenant comprendre pourquoi j'avais prédit l'échec des vaccins sans me soucier de la notoriété des différents laboratoires, car je savais que c'était Dieu lui-même qui allaient les faire échouer, et que personne ne peut vaincre Dieu. Il faut aussi se rappeler du sous-titre de la Bible TOB qui nous fait comprendre que c'est dans un contexte où les créatures de Dieu l'ont abandonné au profit des idoles qu'il agit ainsi pour confondre ces idoles et ces idolâtres: l'objectif étant d'amener ce peuple qui avait abandonné Dieu, à revenir à lui pour l'adorer. Nous avons aussi vu que j'avais prédit dès le début que la pandémie du COVID-19, dont les humains qualifient avec raison de malheurs et qu'ils combattent, allait engendrer un réveil religieux. Enfin, le rapport de la conférence des évêques de France est venu confirmer tout ce que la Bible dit et que j'avais prédit.

Ceci étant dit, je répète donc aux partisans de l'extrême droite : les souffrances dans vos différents pays n'ont absolument rien à voir avec l'incompétence de vos dirigeants. Même en votant pour de nouveaux dirigeants, les mêmes difficultés vont persister. Aux dirigeants aussi, je le répète : la science ne pourra pas trouver de solution, il ne faut donc plus vous fier uniquement à la science.

IDOLÂTRIE : DÉFI CONTRE LA SCIENCE OU LE SCIENTISME

La science est l'idole de notre civilisation, or Dieu a toujours condamné l'idolâtrie dans la Bible. Cependant, ce n'est pas la science proprement dite qui pose problème, mais plutôt le scientisme, ou la croyance en la toute puissance de la science. Je vais parler brièvement de l'idolâtrie car j'en ai suffisamment parlé dans le précédent livre. En effet, il s'agit de l'un des thèmes principaux dans Esaïe 40 à 55, où Dieu ne condamne pas tout simplement l'idolâtrie, mais il défie les idoles et les idolâtres. Dieu pouvait juste dénoncer l'idolâtrie tout en laissant les idolâtres continuer leurs pratiques, mais il va se charger de les confondre. C'est-à-dire que Dieu va faire échouer les plans des idolâtres pour leur prouver à quel point ils ne valent rien. La science étant l'idole de notre civilisation, il est donc question pour Dieu de défier les scientifiques, de les confondre afin de leur prouver, ainsi qu'à tous ceux qui ne croient qu'en la science, les limites de cette science. Il faut donc retenir que dans Esaïe 40 à 55, nous ne sommes pas dans un contexte d'une simple dénonciation de l'idolâtrie, mais dans un contexte de défi. C'est à dire que Dieu pose des actes et il démontre que les idoles ou les idolâtres sont incapables de les empêcher d'une part, et d'autres part ce sont ces idolâtres qui posent des actes et font des prédictions, mais Dieu se charge de les faire échouer. Cette précision est très importante car elle montre que ce n'est pas à cause de l'incompétence des idolâtres que leurs actions ou leurs prédictions échouent, mais c'est parce que c'est Dieu lui-même qui les fait échouer pour les mettre au défi. Alors, il ne faut pas en vouloir aux idolâtres face à ces échecs et il ne faut pas non plus compter sur eux car quelque soit ce qu'ils feront, Dieu va toujours faire échouer.

La plupart des temps, lorsque la Bible parle des idoles, elle fait allusion à des objets scruptés en bois que le peuple adorait en lieu et place de Dieu. Ce n'est donc pas le bois qui pose problème, car il peut être utilisé pour la cuisine, ce qui est une très bonne chose, mais c'est le fait de le mettre à la place de Dieu. Alors Dieu n'est pas contre la science en elle-même, mais contre le fait que notre civilisation la mette à la place de Dieu, en croyant que la science seule suffit à l'humanité .

Je me rappelle que lorsque je préparais mon BEPC, l'on nous avait enseigné que les progrès scientifiques et techniques du 19e siècle avaient été favorisés par le recul de l'esprit religieux et le scientisme. Qu'est-ce que le scientisme en réalité ? Nous allons nous servir d'un extrait de Wikipedia pour le savoir et aussi pour comprendre pourquoi c'est l'idolâtrie.

《Le scientisme est une position apparue au XIXe siècle selon laquelle la science expérimentale est la **seule** source fiable de savoir sur le monde, **par opposition aux révélations religieuses** [...] Le scientisme se propose en conséquence, selon la formule d'Ernest Renan, « d'organiser scientifiquement l'humanité ». Il s'agit donc d'une confiance ou d'une espérance dans l'application des principes et méthodes de la science y compris moderne dans tous les domaines. On peut résumer le cœur de cette position en : « La science décrit (vraiment) le monde tel qu'il est.》

C'est donc très clair, d'après les scientistes, c'est uniquement par la science que l'on peut comprendre le monde, Dieu (ou les révélations divines) ne compte pas. La science aurait pu être considérée comme l'une des sources du savoir, et non pas l'unique. Puisque vous considérez donc que la science est la seule source fiable du savoir et qu'il ne faut pas compter sur Dieu, alors en retour, pour vous prouver que la science seule ne suffit pas, Dieu confond donc vos scientifiques en les mettant au défi. Alors, je vous invite une fois de plus à méditer Esaïe 44: 24-26. Dieu dit qu'il a créé le monde sans l'aide de personne, alors, maintenant il fait échouer les prédictions des devins (scientifiques), mais il réalise celles de son serviteur. On comprend que l'on est dans un contexte comme celui du scientisme où les êtres-humains ont mis de côté leur Créateur pour ne compter que sur leurs idoles (la science), alors Dieu les confond. Et lorsqu'on regarde de plus près ce qui s'est passé avec le COVID-19, on voit bien que les prédictions des scientifiques échouaient tandis que les miennes se réalisaient, afin que les scientistes comprennent qu'ils se sont trompés en croyant que la science est la seule source fiable. Les échecs des scientifiques face au COVID-19, comme nous les avons vu à travers ces 6 exemples, sont donc loin d'être un simple hasard, c'est bien Dieu qui les mettait au défi car notre civilisation compte uniquement sur la science, qui est donc devenue notre idole. Si donc vous n'en tirez pas des leçons, la même chose va se reproduire avec l'économie en entraînant la décadence des pays développés et impies.

LA MONTÉE DE L'EXTRÊME DROITE

Après la victoire historique de l'extrême droite aux élections européennes, de nombreux médias ont fait des publications sur Facebook. Avec ma page Facebook dénommée Nouvelle Évangélisation Simon-Pierre, j'avais commenté en disant qu'il faut faire attention au racisme. Ce commentaire a suscité la réaction de certains internautes. J'ai retenu les commentaires de deux internautes dont j'ai copié et je vais juste coller ici pour les analyser:

1-" Nouvelle Évangélisation -Simon-Pierre Aimer son pays et vouloir défendre les droits des français, le travail des français, l'inflation dont on souffre tous et le reste, c'est du racisme ?"

2-" Nouvelle Évangélisation -Simon-Pierre ce déclin n'est pas dû au RN que je sache ?

Je vois que vous êtes croyant, je le suis également, et notre pays a presque 2000 ans de racines judéo-chrétiennes, et pourtant aujourd'hui c'est ces mêmes religions qui s'en prennent plein la poire dans le pays, c'est la faute à qui du coup ? Vous estimez que c'est raciste aussi de vouloir préserver un patrimoine culturel et religieux, historique ? C'est le RN qui profane les tombes ? Qui met le feu aux églises ? Qui sort la carte de la laïcité uniquement lorsque ça arrange ?

Qui sont les racistes ?"

3- "Nouvelle Évangélisation -Simon-Pierre je pense que ceux qui votent RN sont beaucoup moins racistes que ceux qui votent Macron ou la NUPES.

Aujourd'hui, les médias ont de moins en moins de pouvoir de lavage de cerveau et surtout chez les jeunes qui ne regardent plus la TV classique mais des chaînes de séries, films , qui ne leur lavent pas le cerveau. Ils sont dans la réalité. Ils veulent sortir en toute sécurité, ils veulent pouvoir avoir un logement quand ils bossent , ils ne veulent plus se faire plomber sur leur pouvoir d'achat, ils veulent pouvoir mettre du carburant pour aller au boulot, ils veulent pouvoir se chauffer sans se faire assassiner. Ils ne veulent plus être enfermés et piqués pour enrichir une caste ...."

Les deux premiers commentaires sont d'une même internaute. Suite à mon commentaire demandant de faire attention au racisme, elle m'avait répondu à travers le premier commentaire où on constate bien qu'elle se plaint de l'inflation, du chômage et les autres souffrances en accusant les dirigeants. Alors je lui avais dit je préparais ce livre sur le déclin de l'Occident, et elle m'a répondu par le second commentaire. Analysons ces commentaires. On se rend très vite compte que les deux françaises ont en commun la plainte contre les souffrances du peuple français, et qu'elles attribuent la cause aux dirigeants politiques.

Or, nous avons multiplié des exemples, basés sur des faits réels, qui prouvent que Dieu lui-même peut en être l'auteur, et que dans ce cas aucune compétence humaine ne peut résoudre le problème sans tenir compte de Dieu. Nous avons cité la hausse des conversions en France, grâce au COVID-19 (depuis la période post-Covid): cette hausse est un fait vérifiable, autant que le rôle central de cette pandémie. Nous avons aussi vu qu'avant et au début de cette pandémie, j'avais fait de nombreuses prédictions à travers des publications et des livres sur cette pandémie et la hausse des conversions: ce sont des faits vérifiables. Nous avons aussi multiplié des exemples montrant à quel point cette pandémie, qui a engendrée la forte hausse des baptêmes, avait défié les scientifiques : ces exemples sont également des faits vérifiables. Nous avons vu qu'il existe de nombreux passages bibliques où Dieu lui-même châtie le peuple à cause de l'impiété; que nul ne pas délivrer d'un châtiment divin ; et que la finalité de ces châtiments c'est la conversion de la nation : c'est aussi un fait vérifiable dans la Bible, et sa ressemble exactement à ce qui s'est passé en France, puisque la France est un pays impie qui a été lourdement frappé par le COVID-19 et ce COVID-19 a entraîné des conversions. Tout ce qui est cité ce sont des faits et rien que des faits, et ils sont vérifiables très facilement puisqu'un téléphone seul suffit pour confirmer.

Ceci dit, on comprend que c'est l'impiété du peuple qui entraîne le châtiment de Dieu et que les dirigeants n'y peuvent rien, alors c'est le peuple qui est responsable de ce qui lui arrive et non ses dirigeants. Ce peuple devrait donc reconnaître ses propres fautes, au lieu de les attribuer à ses dirigeants. C'est donc la raison pour laquelle j'avais recommandé aux dirigeants d'ouvrir une enquête par rapport à mes prédictions de mon livre précédent. Si ces dirigeants avaient ouvert ces enquêtes, ils auraient compris ce qui se passe et auraient sensibilisé leurs peuples respectifs, et ces peuples en retour n'auraient donc pas accusé les dirigeants...

DÉCADENCE FATALE

Je peux affirmer avec la plus grande certitude que la chute des grandes puissances économiques, impies, a déjà été décrétée dans le monde spirituel. Mais alors, cette chute est-elle inévitable ? Ce destin est-il déjà scellé au ciel ? Je dirai oui, et non, en même temps, car le destin des grandes puissances économiques, mais **impies,** se trouve entre les mains de leurs dirigeants et de leurs populations, puisque tout dépend de la décision que vous allez prendre.

Comme je l'ai déjà suffisamment expliqué dans mon second livre, j'avais recommandé la méditer des chapitres 40 à 55 du livre du prophète Esaïe dans ma vidéo publié sur YouTube le **29 Mai 2020** et intitulée : **COVID-19 : SIGNE DIVIN OU PANDÉMIE NATURELLE?** Au chapitre 44, à partir du verset 24, la Bible TOB donne le titre suivant : <u>"Dieu présente Cyrus, **tous les peuples sont invités à devenir des adorateurs du Seigneur.**"</u> Au verset 24, Dieu affirme que c'est lui qui a créé le ciel et la terre sans l'aide de personne. On comprend donc que le Créateur était fâché, car ses créatures l'avaient abandonné pour suivre les idoles. C'est la raison pour laquelle, au verset 25, parlant de ceux qui adorent les idoles, Dieu a dit que maintenant il réduit à rien les prédictions de ceux qui annoncent l'avenir, il leur fait perdre la raison, il force les sages à reculer et transforme leur science en folie. Cependant, au verset 26, Dieu précise que mais il réalise ce que son serviteur a prédit. Il faut faire un rapprochement entre ce titre de la Bible TOB, qui invite tous les peuples à adorer Dieu, et ce que Dieu affirme dans ces versets. On comprend donc que, parce qu'il a été abandonné, Dieu lui-même va se charger de faire échouer tout ce que les idolâtres vont entreprendre. Leurs échecs ne relèveront donc pas de leurs incompétences, mais du fait que c'est Dieu lui-même qui en est la cause. Il faut de ce fait être fou pour vouloir faire le bras de fer avec Dieu en croyant qu'on peut faire quelque chose avec succès lorsque Dieu s'y oppose.

Ceci dit, dans mon précédent livre, j'ai montré une multitude d'exemple où c'est le contraire des prédictions des scientifiques qui se réalisait pendant la pandémie de COVID-19. J'ai montré que les scientifiques de l'OMS avaient prédit le pire pour l'Afrique, mais moi, j'avais prédit que l'Afrique n'allait pas connaître ce pire. C'est ma prédiction qui s'était réalisée au détriment de celle de l'organisation mondiale de la santé. J'ai montré que les scientifiques avaient prédit que deux doses de vaccins étaient suffisant et que la vaccination allait permettre d'atteindre l'immunité collective, mais j'avais prédit l'échec de ces vaccins. Tout le monde connaît la suite: les scientifiques avaient été surpris de constater qu'ils ont finalement administré plus de quatre doses, ou lieu de deux, mais le taux de contamination devenait plutôt de plus en plus élevé. Même Bill Gate avait fini par reconnaître que ces vaccins ont échoué. Une fois de plus, ma prédiction s'était réalisée, au détriment de celle des scientifiques. Avec le COVID-19, tout s'était donc passé pour les scientifiques exactement comme Dieu a dit dans Esaïe 44:25, tout comme il avait réalisé mes prédictions, comme il a dit au verset 26. Et ce n'est pas tout, la chaîne France 24 avait publié un article parlant du "**miracle** britannique " dans lequel elle avait affirmé que l'évolution du COVID-19 "**défie** la plupart des prédictions " des scientifiques et du gouvernement britannique". France24 avait donc révélé, dans cet article, que le gouvernement britannique et les scientifiques étaient perdus face à l'évolution du COVID-19, ils ne comprenaient pas ce qui se passe, alors ils étaient incapables de l'expliquer. On comprend donc pourquoi France 24 a utilisé le mot miracle. Or, le miracle n'existe pas en science, mais plutôt dans le domaine spirituel. Il faut noter que ce n'était pas la première fois que ce mot miracle était utilisé concernant le COVID-19. Car lorsque l'Afrique avait effectivement été épargnée par le COVID-19, comme je l'avais prédit, le chroniqueur de la chaîne RMC, Nicolas Poincaré, avait aussi parlé du "miracle africain". Alors ceux qui suivaient de près cette pandémie du COVID-19 savent qu'elle les avait habitué à des miracles et des surprises, au point où, à plusieurs reprises, les scientifiques avaient ouvertement reconnu qu'ils ne comprennent pas ce qui se passe, pourtant ils étaient censés comprendre pour expliquer aux profanes.

J'insiste sur la triple relation entre le titre d'Esaïe 44: 24+ de la Bible TOB (qui dit que tous les peuples sont appelés à adorer Dieu); ce que Dieu a dit aux versets 25 et 26 ; et ce qui s'est effectivement réalisé avec le COVID-19. Car, nous parlons maintenant de la décadence économique, or au verset 27, Dieu dit qu'il va assécher l'eau de la grande mer.

La première caractéristique de la mer, c'est l'abondance de son eau. Autrement dit, on ne saurait parler de la mer s'il n'y a pas beaucoup d'eau. Cependant, assécher l'eau de la mer revient à lui faire perdre son abondance d'eau, afin qu'elle ne soit plus qualifiée de mer. En français facile, Dieu veut par là dire qu'il va appauvrir celui qui est riche. Comme avec l'eau de la mer, c'est l'abondance de richesses qui permet de qualifier quelqu'un de riche ou puissant. Autrement dit, sans cette abondance, on ne saurait le qualifier de riche. Vous comprenez donc que Dieu est capable de faire chuter une grande puissance économique, technique ou militaire.

Si donc ce que Dieu a dit aux versets 25 et 26 d'Isaie 44, il les a réalisé avec le COVID-19, alors il réalisera aussi ce qu'il a dit au verset 27 avec le domaine économique des grandes puissances impies. Ceci dit, de la même manière que les scientifiques étaient constamment surpris et perdus face aux COVID-19, c'est ainsi que les économistes seront aussi surpris et perdus lorsque Dieu va vraiment s'engager à détruire l'économie des grandes puissances impies. Vous pouvez prendre l'exemple sur les sanctions des pays occidentaux contre la Russie, dans le cadre de la guerre et Ukraine : ces sanctions ont-elles produits les résultats escomptés ? Ce n'est pas par hasard que les résultats de ces sanctions n'ont pas été atteints.

Après avoir parlé du livre du prophète Esaïe, au chapitre 44, à partir du verset 24, nous passons au chapitre 45. La Bible des peuples titre :" **Devant moi, tout genou fléchira"**. Tandis que la Bible de Jérusalem titre : **"La CONVERSION des nations païennes"**, tout en expliquant qu'il s'agit de "l'**universalisme, qui voit dans l'avenir toutes les nations se rassembler autour de Jérusalem pour servir le Dieu d'Israël [...]** il est l'un des thèmes majeurs du livre de la consolation ". Rappelons que ce livre de la consolation c'est tout simplement les chapitres 40 à 55 du livre d'Esaïe. À partir du verset 20 d'Esaïe 45, Dieu s'adresse aux **"survivants"**, alors on peut comprendre que le peuple est entrain de traverser une épreuve tragique qui a déjà coûté la vie à une multitude de personnes, comme le COVID-19 et la guerre coûtent des vies. Dieu leur demande de reconnaître qu'il avait déjà prédit tout ce qui se passe, tout comme vous pouvez aussi constater longtemps avant, pendant et après le COVID-19, j'ai toujours fait des prédictions, au nom de Dieu, et elles se sont réalisées. Notons que lorsque Dieu dit qu'il avait déjà prédit tout ce qui se passe, cela ne veut pas dire qu'il est lui-même venu s'adresser au peuple, car Dieu passe par ses porte-paroles, des êtres humains, pour s'adresser aux autres. Après leur avoir demandé de reconnaître qu'il avait déjà prédit tout ce qui se passe, Dieu dit par la suite: 《**tournez-vous vers moi et vous serez sauvez, tous les confins de la terre,** car je suis Dieu, il n'y en a pas d'autre. Je le jure par moi-même, ce qui sort de ma bouche est vérité, c'est une parole **irrévocable : oui, devant moi, tout genou fléchira** 》. Nous avons donc vu que Dieu s'adressait à des survivants, ce qui suppose que l'on est fasse à de grandes épreuves mortel. En demandant de se tourner vers lui pour être sauver, on comprend que le peuple s'était détourné de Dieu, comme en Occident, et que Dieu lui-même serait donc à l'origine de ces épreuves, il est alors l'unique solution pour y mettre un terme. Autrement dit, toutes les précautions humaines, toutes les sciences seront impuissantes face à ces épreuves. J'aimerais surtout qu'on note que Dieu a dit que sa parole est irrévocable : c'est à prendre ou à laisser. Alors, soit l'on se retourne directement vers Dieu pour que ces épreuves mortelles prennent fin, soit on se tourne vers la science, impuissante, et l'on continue à souffrir et à mourir.

Au chapitre 38 du livre du prophète Esaïe, le roi Ezéchias était malade, et Dieu a envoyé le prophète Esaïe lui dire qu'il va mourir. Mais le roi a supplié Dieu et lui rappelant qu'il a toujours respecté la parole de Dieu.

Alors Dieu a changé de décision, il a guéri ce roi et a augmenté ses années sur terre. Dans le premier livre des rois, au chapitre 21, le roi Achab avait fait assassiné Naboth, un innocent, et Dieu a envoyé le prophète Élie dire à ce roi que le malheur va aussi le frapper. Le roi a regretté amèrement son acte et s'est repenti. En retour, Dieu a changé d'avis concernant ce malheurs qui allait frapper le roi. Pareil avec Ninive dans le livre du prophète Jonas.

Alors, Dieu peut prendre une décision sévère, mais après il la change. Tout dépend de la façon donc les humains se comportent après cette décision de Dieu. Ainsi donc, le déclin des grandes puissances où règne l'impiété, n'est pas une fatalité qui se produira à tout prix et à tous les prix: leurs destins se trouvent entre les mains de leurs populations et de leurs chefs d'Etat. S'ils prennent conscience et retournent vers Dieu, il agira en leur faveur, mais s'ils s'entêtent dans leur impiété en continuant à se fier uniquement à la science, ils en paieront le prix fort. Même s'ils ne m'écoutent pas maintenant pour revenir immédiatement au Créateur, ils finiront tôt ou tard par le faire, après de très lourdes pertes matérielles, financières et humaines.